하루 1분 언어자극의 기적

하루 1분
언어자극의
기적

황진이 지음

| 프롤로그 |

밥 먹이고 빨래 개며
거는 말로 충분했어요

"아이와 함께 있을 때 주로 무엇을 하며 시간을 보내나요?"

"씻기고 밥 먹이죠. 제가 집안일을 하는 동안 아이는 옆에서 장난감을 가지고 놀아요."

코로나19가 한창인 시기에는 온라인 상담을 진행했다. 30개월 된 아이가 매일 집에만 있으니, 다른 사람을 만날 기회가 없는 상황이 언어와 사회성 발달에 악영향을 미치는 것 같다고 어머님이 걱정하셨다. 아이는 실제로 언어발달이 뒤처지고 있었다. 그래서 부모님에게 현재 가정에서의 언어 환경이 어떤지 물었다. 아버님은 재택근무를 해서 집에서 일하는 시간이 많았고, 어머님은 둘째를 돌보며 육아와 집안일로 바빠 첫째의 언어발달에 신경 쓰지 못했다. 평범한 가정에서 겪는 아이의 언어발달 문제 사례였다.

코로나19로 이런 사례는 폭발적으로 증가했다. 조사에 따르면, 2022년 미국에서 새로 언어장애 진단을 받은 0~12세 아동의 숫자가 110% 증가했다. 그중 가장 큰 타격을 받은 연령대는 0~2세로 코로나 팬데믹 이전과 비교하여 136% 증가했고, 3~5세 아동은 107% 증가했다. 한국도 마찬가지다.

대한소아청소년정신의학회의 조사에 따르면 어린이집에 다니는 0~5세 영유아 중 약 33%가 언어발달에 전문가의 도움이 필요한 상태이며, 가정에서 양육하는 영유아 3명 중 1명은 언어발달이 지연되는 것으로 나타났다. 미국의 한 연구에 따르면 팬데믹에 태어난 아이들은 부모가 코로나 바이러스에 걸리지 않았더라도 대근육과 소근육, 사회성 발달의 점수가 낮다고 보고했으며,[1] 팬데믹 기간에 출생한 아기의 평균 IQ, 즉 언어 및 인지발달 능력이 지난 10년 중 가장 낮다고 보고했다.[2]

아이들은 상대방의 입 모양과 표정 등을 관찰하며 소리를 인지하고 처리하는데, 마스크가 단서들을 가려버렸다. 더불어 소음이 많은 어린이집이나 바깥에서는 상대방의 목소리를 집중해서 들어야 하는데, 마스크가 상대방의 목소리 음량과 음질을 낮춰버리니 도움이 되지 않았다. 무엇보다 팬데믹 기간에는 대부분 집에서 보내는 시간이 상당했다. 애착과 소통을 기반으로 발달하는 만 3세 이전에는 부모와 양질의 상호작용이 충분히 이루어지면 얼마든지 아이에게 건강한 발달 자극이 된다. 연구에 따르면 3세 아동이 사용하는 단어의 86~98%는 부모가 사용하는 단어로 이루어질 만큼 영유아의 언어발달은 부모님의 자극으로부터 가장 큰 영향을 받는다.[3]

그런데 문제는 팬데믹으로 인해 부모님들이 대부분 아이와 집에만 있었다는 것이다. 일반적인 환경은 아니었다. 부모님들은 지속된 육아와 생활의 불균형으로 스트레스 지수가 매우 높아졌다. 그러다 보니 아이들이 영상을 시청하는 시간도 늘었다. 이전에는 어린이집이나 조부모님과 육아의 부담을 어느 정도 나눌 수 있는 상황이었다. 하물며 놀이터에서 다른 부모님들과 수다라도 떨며 육아 고민을 공유할 수 있었지만, 코로나19 시기에는 육아의 모든 부담과 책임이 오롯이 부모님에게 지워진 셈이었다. 부모님의 불안과 초조함은 아이에게도 고스란히 전해져 아이의 발달에 부정적인 영향을 미쳤을 것이다.

그 이후로 어떻게 되었을까? 아이들이 언어발달에 지연을 겪자 부모님들은 걱정하기 시작했다. 하지만 막상 병원에 데려가 검사받자니 치료가 필요한 정도는 아닌 것 같다며 고민 상담을 신청해 온다. 언어발달 지연이 뚜렷하게 보이거나 진단명이 있는 아이들에게는 지원이나 치료가 제공되지만, 그렇지 않은 아이들을 도울 수 있는 사람은 오롯이 부모님이다. 그러나 전문가가 아니라면 아이의 발달을 이해하고 지원하기가 매우 어렵다.

아이 발달의 첫 단추는 '언어'다!

다행히 아이들은 회복탄력성, 즉 역경이나 어려움 속에서도 회복하고 극복해나가는 유연성을 가지고 있다. 모든 아이는 어떤 환경에서도 적응하고 자라날 수 있는 놀라운 능력을 지니고 있다. 그러니 아이에게 최적의 환경을 제공하지 못한다고 자책할 필요는 없다. 아이와 함께하는 일상의 작은 순간에서 소통할 기회를 찾으면 된다.

미국은 연방정부 차원에서 0~3세 아이들을 위한 조기중재Early Intervention 프로그램을 운영한다. IDEA Individuals with Disabilities Education Act라고 미국의 각 주에서 의무적으로 실시하는 프로그램이다. 0~3세가 아이의 향후 발달과 학습 능력을 좌우하는 중요한 시기라는 이론적 근거에서 시작되었다. 아이에게 필요한 발달적 중재와 개입을 최대한 일찍 해서, 학령기의 발달 지연을 감소시키고 교육예산을 줄이겠다는 취지다. 그만큼 0~3세는 언어발달에서 너무나 중요하다.

언어에 특별히 민감한 영유아기에 풍성한 언어적 경험은 두뇌의 수많은 시냅스 연결을 활성화한다. 반복적인 자극과 경험은 시냅스를 더욱 튼튼하게 연결하지만, 지속적인 경험의 결여는 연결을 약화시킨다. 그리고 이러한 과정은 향후 언어발달과 학습 능력에 영향을 미친다.

이때는 부모와 애착이 형성되는 중요한 시기이기도 하다. 또한 부모에게서 가장 많은 것을 배우고 습득하는 시기다. 아이는 부모와 안정적인 애착을 형성하면서 언어의 기본이 되는 사회적 신호들을 배우고 주고받는 상호작용의 개념을 이해한다. 부모님의 따뜻하고 일관된 반응을 통해 자신의 의사를 표현하는 법을 배우는 것이다.

하지만 공교롭게도 부모님들이 가장 놓치기 쉬운 시기가 이때다. 아이의 발달에 대해 깊이 이해하지 못한 채 적기에 필요한 도움을 받지 못하고 지나치는 경우가 많다. 나는 지난 10년간 미국 뉴욕과 시애틀, 텍사스에서 0~3세 조기중재와 3~5세 학령전기 프로그램을 통해 한국인 가정을 비롯해 다양한 언어와 문화, 배경을 지닌 가정의 아이들을 만났다. 수백 명 아이들의 언어발달을 검사하고, 치료하고, 부모 상담을 진행하며 늘 생각했다. 만약 이런 정보가 조금 더 일찍이 부모님들에게 가 닿을 수 있었다면 어땠을까? 함께 실천해보면 정말 쉽고 효과적인 이 방법들을 더 많은 부모님이 빨리 접할 수 있었다면 아이가 언어잠재력을 더 크게 발휘할 수 있었을 텐데 말이다.

그래서 부모님이 바쁜 일상에서도 전문 지식과 정보를 손쉽게 찾기를 바라는 마음으로 영유아기 언어발달 콘텐츠를 나누기 시작했다. SNS를 통해 실용적인 언어자극법을 알려드리니 큰 도움이 된다는 피드백들이 힘이 되었다. 황진이쌤이라는 이름으로 온라인 강의에서 만난 부모님들은 언어발달 고민이 해소되었다며 기뻐하셨다.

"현실적인 육아 사례들을 많이 다루어서 도움이 되었습니다.", "바로 적용이 가능한 방법들을 써먹었더니 아이가 안 하던 인사를 하더라고요.", "간과하기 쉬운 육아의 기본을 짚어줍니다.", "아이에게 어떻게 질문하고 반응해야 할지 알게 됐어요." 이를 통해 부모님들이 내 아이의 발달단계에 맞추어 언어발달을 도울 수 있는 책을 쓰게 되었다. 미처 다루지 못한 최신 육아 근거들을 기반으로 내가 가진 정보와 자료들을 아낌없이 나누고자 한다.

왜 내 아이만 키우기 어려울까?

나는 미국에서 워킹맘으로서 두 아이를 키우며 아이들을 어릴 때부터 데이케어(미국의 어린이집)에 보냈다. 엄마, 아빠와 보내는 시간은 고작 주말, 그리고 주중에 하원하고 저녁 시간부터 아침 등원 시간까지가 전부였다.

아이들과 함께하는 시간이 늘 부족하게 느껴졌고 혹여나 그것이 아이들의 발달에 악영향을 주지 않을까 내심 걱정하고 미안한 마음이 들었다. 그래서 아이들과 함께하는 시간만큼은 풍성히 상호작용 하기 위해 노력했다. 신기하게도 아이들은 그 짧은 시간에도 꽤 많은 것을 흡수했다. 각 시기에 기대만큼 발달했고 자극을 주는 만큼 반응해주었다. 온종일 데이케어에서 영어만 듣고 와서도 집에서 잠깐 듣는 한국어를 먼저 습득했다. 정서적 유대감을 가진 부모가 주는 언어자극이 아이들에게 얼마나 강력하고 효과적인지를 느낄 수 있었다.

그리고 코로나 시기가 시작되었다. 이제까지 아이들은 기특하게 잘 자라줬지만, 그동안 워킹맘으로서 아이들과 충분한 시간을 보내지 못했다는 마음 한구석의 불편함 때문에 아이들과 하루 종일 함께하게 된 기회를 잘 활용하고 싶었다. 전문가로서 아이들에게 최대한 좋은 자극을 주겠다는 부담감을 24시간 내내 품고 하루하루를 보냈다. 아니나 다를까 나의 몸과 마음은 금세 버거워지고 지쳐만 갔다. 잘 따라와주지 않으면 화가 나기도 하고 육아와 살림에 지쳐 아이들에게 말을 걸 힘조차 없을 때도 많았다. 그리고 이내 아이들에게는 많은 자극이 필요하지 않다는 것을 깨달았다.

영유아 자녀의 부모님들과 언어자극 목표를 세울 때도 많은 과제를 드리지 않는다. "이번주에는 이것만 해보세요!"라고 말한다. 과제가 한두 가지 이상으로 넘어가면 아무리 의욕이 넘치는 부모님이라도 실행하기 어려워하시는 것을 수없이 봤다. 그리고 나도 내 아이들을 육아해보면서 공감했다. 부모에겐 육아라는 것만으로 이미 어깨가 충분히 무겁다는 것을 말이다. 부모님은 먹이고, 씻기고, 재우는 동안 아이들과 온전히 소통하는 데 정성을 들이는 것으로 충분하다. 그러면 아이들은 쑥쑥 자라난다.

아이들에게 필요한 것은 24시간 함께 유창하게 대화할 수 있는 부모가 아니다. 하루 중 잠깐의 시간이라도 자신의 마음을 이해하고 진심으로 소통할 수 있는 부모다. 매일 아이와 원활한 상호작용과 풍성한 대화를 이어갈 수 있는 소통법이 필요하다. 아이의 타고난 언어잠재력을 가장 효과적으로 끌어올릴 수 있는 이 시기에는 하루 1분이면 풍성한 언어자극을 줄 수 있다.

이 책에서 세세한 방법을 소개하겠다. 많은 학술 논문 자료를 참고한 방법들과 임상에서 경험한 지식을 바탕으로 썼다. 0~5세 자녀를 둔 부모님이라면 누구나 아이에게 풍성한 언어자극을 제공해줄 수 있다는 사실을 전하고픈 마음으로 이 책을 썼다. 어떤 실력 있는 전문가라도 부모님의 역할을 대체할 수는 없다. 이 책을 통해 부모님들이 이미 잘하고 있는 부분에 대한 확신과 자신감을 얻고, 또 아이의 언어발달을 한층 더 깊이 이해하며 아이와의 소통의 문을 여는 계기를 만들기를 바란다.

그럼 본격적으로 우리 아이의 언어잠재력을 깨우는 수업에 함께 들어가보자.

황진이쌤

• 차례 •

|프롤로그| 밥 먹이고 빨래 개며 거는 말로 충분했어요 … 4

1장 하루 한마디, 말 걸기의 힘

언어의 양보다 질로 승부한다 … 18

아이에게 필요한 언어자극은 아이가 알려준다 … 25

발달단계에 맞춘 말 걸기의 중요성 … 31

2장 우리 아이, 잘 크고 있을까?

우리 아이의 언어발달은 몇 걸음인가요? … 40
- 한 걸음, 아직 말하기 전이에요(3~12개월) … 43
- 두 걸음, 한 개의 낱말을 뱉을 수 있어요(13~18개월) … 47
- 세 걸음, 낱말을 조합할 수 있어요(19~24개월) … 48
- 네 걸음, 짧은 문장으로 말할 수 있어요(25~36개월) … 50
- 다섯 걸음, 문장으로 대화할 수 있어요(37~60개월) … 53

3장 하루 1분 일상 속 언어자극

한 걸음 언어자극 아직 말하기 전이에요
아이와 사랑으로 교감하는 말 걸기 ········· 60

아이의 시야에 들어가 "우르르 까꿍!" ········· 61
언어에 생동감을 주는 패런티즈를 사용해요 ········· 68
놀이의 가장 신나는 부분에서 멈춰요 ········· 75
얼굴을 마주 보고 다양한 표정을 지어요 ········· 81
아이가 가장 좋아하는 것을 눈앞에 놓아봐요 ········· 86
아이의 신호에 5초 안에 반응해요 ········· 92
재미있는 소리를 많이 들려줘요 ········· 97
아이의 제스처를 통역해서 말해줘요 ········· 102
아이 일상의 브이로거가 되어봐요 ········· 107
우리 아기는 지금 무슨 생각을 할까? ········· 112

두 걸음 언어자극 한 개의 낱말을 뱉을 수 있어요
아이의 뇌와 언어신경을 깨우는 말 걸기 ... 120

보고 듣고 만지는 것을 이야기해요 ... 121

심부름 교육은 이렇게 시켜요 ... 127

보물찾기 놀이를 해봐요 ... 132

표현을 확장하는 선택적 질문을 던져요 ... 138

같은 표현을 무한 반복해줘요 ... 142

아이의 낱말에 다른 낱말을 더해요 ... 146

'할미'라고 말하면 '할머니'로 반응해요 ... 152

세 걸음 언어자극 낱말을 조합할 수 있어요
아이가 소통하는 즐거움을 깨닫게 하는 말 걸기 ... 157

먹고 씻고 잘 때 표현을 확장해요 ... 158

동작을 말로 표현하면 문법이 쉬워져요 ... 164

짜증 대신 말로 표현하는 방법을 알려줘요 ... 170

관련어로 어휘의 폭을 넓혀요 ... 177

자연스러운 혼잣말을 들려줘요 ... 183

조사를 더해서 문장을 완성해요 ... 187

질문과 코멘트를 번갈아 하면 대화가 풍부해져요 ... 192

`네 걸음 언어자극` 짧은 문장으로 말할 수 있어요
아이가 스스로 어휘력을 쌓아가는 말 걸기 · · · 198

시간과 순서를 알려줄 수 있어요 · · · 199

사고력이 자라는 열린 질문을 던져요 · · · 205

문장을 완성하도록 천천히 기다려줘요 · · · 211

아이에게 수준 높은 낱말을 사용해요 · · · 217

더 자세히 묘사해줘요 · · · 222

아이의 감정을 말로 읽어줘요 · · · 227

범주어를 사용하면 아이가 어휘를 정리해요 · · · 233

`다섯 걸음 언어자극` 문장으로 대화할 수 있어요
아이가 마음껏 생각하고 표현하게 하는 말 걸기 · · · 237

아이와 쌓은 추억에 대해 이야기 나눠요 · · · 238

앞으로 일어날 일에 대해서 함께 이야기해요 · · · 244

질문을 되물으면 논리적 사고가 가능해요 · · · 248

단어의 뜻을 정확히 설명해줘요 · · · 252

사회성을 넓히는 표현을 들려줘요 · · · 255

|부록| 영유아 기본 어휘 목록 · · · 260
|참고문헌| · · · 275

1장

하루 한마디, 말 걸기의 힘

언어의 양보다 질로 승부한다

"부모가 아이에게 말을 많이 할수록 좋다."
"부모가 말수가 적으면 아이의 언어발달이 늦다."
"부모가 머리가 좋으면 아이도 똑똑하다."

이런 얘기를 한 번쯤 들어봤을 것이다. 물론 부모님의 언어적 인풋이 아이의 언어발달에 영향을 주는 것은 분명하고, 많은 연구가 어느 정도 뒷받침하고 있다. 그런데 무작정 아이에게 말을 많이 한다고 좋은 결과를 얻는 것은 아니다. 부모님이 말수가 적어서 아이의 말이 느린 것은 아닐까 자책하는 분들도 많은데, 잘못된 상식에 기반한 기우다. 최근 넘쳐나는 육아 정보는 상당 부분 부모에게 초점이 맞추어져 있다. 부모가 잘못된 부분을 고쳐야 아이를 제대로 기를 수 있다는 책임과 부담만을 안겨주고 있다.

소통이 그렇듯, 언어발달도 상호적이다. 연구에 따르면 말 잘하는 아이가 말이 트이지 않은 아이보다 부모에게 적극적으로 '반응'하는 경향이 있다.[4] 즉, 표현이 적극적인 아이는 상호작용이 쉽고 자연스럽지만, 말수가 적은 아이는 부모가 말을 하고 싶어 해도 자극을 무의미하게 느낀다. 반응이 적극적이지 않은 건 당연하다. 그렇다고 말이 트이지 않은 아이에게 장황한 표현만 늘어놓는 것도 해결책은 아니다. 상호작용이 이루어지기 어렵기 때문이다. 아이의 발달을 이해하고 말에 귀를 기울이며 지금 아이에게 필요한 자극이 무엇인지 헤아리는 지혜가 필요하다.

언어자극이란 무엇인가?

언어자극이라는 표현이 생소한 분도 많을 것이다. 우리가 자랄 땐 특별한 언어자극 없이도 잘 자랐고, 크면 누구나 다 소통할 수 있게 되는 걸 굳이 미리 가르치려 할 필요가 있느냐고 묻는 분도 있다. 물론 특별한 언어자극을 주지 않아도 아이들은 주어진 환경 속에서 각자의 언어 역량대로 꾸준히 성장한다. 그렇다면 아이에게 더 풍부하고 적절한 언어자극을 건네는 것이 왜 중요할까?

첫째, 언어는 아이에게 소통의 원동력이다. 언어자극을 다른 말로 하면 아이와의 '소통'이라고도 할 수 있다. 아이와 소통의 문을 연다는 것은 곧 아이와 마음을 더 깊이 나눌 수 있게 된다는 뜻이다. 아이가 부모님에게 더 많은 것을 표현하고 마음을 나눌 창구를 넓혀가는 일이다. 또 부모님은 아이에게 더 반응하고 말을 걸어주며 사랑과 지혜를 나눈다. 아이가 성장해가며 더 넓은 세상에서 더 많은 사람과 효과적으로 소통하며 관계를 쌓아갈 수 있는 소중한 도구를 마련해주는 셈이다.

둘째, 아이의 언어는 꾸준한 성장의 원동력이다. 언어 실력이란 마치 돌탑과 같아서 꾸준히 쌓아가는 것이다. 갓 태어난 아이가 바로 일어나 두 발로 걸을 수는 없다. 처음엔 팔다리를 스스로 움직이는 법을 배우고, 고개를 혼자 세우고, 팔로 몸을 일으키고, 앉고, 기어가기까지 적어도 1년 동안 단계적인 절차를 거친다. 언어 또한 마찬가지다. 의미 있는 첫 단어를 내뱉기까지 1년 동안 수많은 소리를 듣고, 이해하고, 뇌에서 정리하고, 옹알이하는 과정을 통해 체계적으로 준비한다.

옹알이 시기에 다양한 소리를 분별하는 능력을 탄탄하게 기를수록 나중 어휘습득 능력이 높아지고, 문법을 익히는 능력이 좋아진다. 예를 들어 '반지'와 '바지', 두 단어의 소리 차이를 분별할 수 있을 때 의미 또한 구분할 수 있으며, '아빠가 줬어'와 '아빠를 줬어'의 소리 차이를 분별할 수 있을 때 정확한 맥락을 이해할 수 있다. 다수의 연구가 영유아기의 어휘량과 어휘의 다양성, 이해력과 말하기 능력이 향후 아이의 학령기 언어 능력, 문해력, 학업 성취

율과 상관관계를 이룬다는 것을 증명한다.[5]

셋째, 학습의 원동력이 된다. 아이들은 언어를 통해 세상을 배워간다. 아이는 말문이 트이기 전에는 울음, 옹알이, 손짓, 몸짓 등으로 부모님에게 의사를 표현하지만, 서서히 행동이나 감정 표현을 말로 대체할 수 있게 된다. 언어와 함께 사회 정서적인 발달이 이루어지며 감정 조절하는 법을 배우는 것이다. 부모가 아이에게 전달하는 메시지를 이해함으로써 배우고, 또 부모에게서 들은 표현을 기억하고 사용하며 정서와 인지, 사회성도 자라난다. 따라서 언어 능력이 더 뛰어난 아이들은 자기조절력 또한 더욱 높다. 그리고 어린이집 또는 학교에서 규칙과 질서를 따르고 교우들과 관계를 맺는 역량에도 언어가 중대한 역할을 한다.[6]

영유아기에 잘 다져진 언어 기반은 아이가 학교에서도 더 많은 것을 흡수할 수 있도록 도움을 준다. 아이들은 먼저 언어를 듣고 말하는 능력이 갖춰졌을 때 글을 읽고 쓸 수 있다. 그리고 아이의 읽기, 쓰기, 말하기, 듣기 능력은 전반적인 학업에 가장 강력하고 핵심적인 도구다. 초등학교 1학년 수학 문제를 풀려면 지문을 읽고 이해하는 능력이 필요하듯, 모든 과목이 언어를 이해해야 배울 수 있다. 그만큼 탄탄한 언어 기반은 여러 학습 영역에도 영향을 미친다.

말을 조금만 바꿔도 효과적인 양질의 언어자극

질 높은 언어자극이 수준 높은 어휘나 다양한 표현을 들려주는 것만으로 이루어지지는 않는다. 물론 발달 시기에 따라 수준 높고 다양한 어휘와 표현이 필요할 때가 있다. 하지만 영유아 시기를 통틀어 바라보았을 때, 아이의 언어발달에 가장 큰 영향을 미치는 양질의 언어자극이란 상호작용에 있다. 상호작용은 서로의 생각과 의도 그리고 표현에 적극적으로 반응해주는 것이다. 그러기 위해선 충분한 관찰과 기다림이 필요하다. 아이가 현재 무엇에 관심이 있는지, 지금 아이에게 가장 유의미한 맥락이 무엇인지, 어떤 행동을 하고 있는지, 어떤 방법으로 자신의 마음과 의사를 표현하는지 등을 유심히 관찰하고 기다려야 아이에게 가장 필요하고 효과적인 언어자극을 줄 수 있다.

발달별로 한번 살펴보자. 돌 이전 아이들은 다양한 소리를 듣고 구분하며 낱말 속 소리의 패턴을 익혀간다. 아직은 정확히 발화하거나 뜻을 전부 이해하지 못하더라도, 음소·음운적 정보를 통해 낱말의 종류와 의미를 배워가기에 자주 말을 걸어주는 것이 좋다. 한 개의 낱말이나 낱말 조합으로 표현하는 18개월 아이에게는 일상 속 다양한 맥락에서 의미 있는 낱말을 반복적으로 들려주며, 낱말의 의미를 점점 더 정확히 이해시키는 것이 중요하다. 이 시기에는 일상에서 반복되는 어휘량이 큰 역할을 한다.

24개월이 된 아이는 주로 두세 개의 낱말을 조합해 표현하다가 점차 문장의 형태를 갖추어간다. 따라서 이 시기에는 많은 양의 단어보다는 다양한 문법형태소를 곁들인 짧은 문장 표현을 많이 듣는 것이 도움이 된다. 30개월이 되면 인지와 사고가 확장하여 어휘의 다양하고 정교한 의미 차이를 이해할 수 있게 된다. 따라서 이 시기에는 더 수준 높고 다양한 어휘를 들려주는 것이 언어발달과 인지력 확장에 효과적이다. 학령기에 다가갈수록 부모님이 전해주는 이야기나 설명이 아이의 언어 능력을 더욱 풍부하게 만들어준다.[7]

부모님은 아이에게 다양한 표현을 알려주고 싶어 한다. 이 때문에 자주 타인과의 대화를 들려주곤 하는데, 아이가 제3자 입장에서 듣는 어른들의 대화는 아이와의 직접적인 상호작용이 아니다. 아이를 향한 직접적인 대화에는 부모님의 말투, 목소리, 억양, 어휘, 주제가 아이의 시선에 맞춰지지만, 타인들의 대화는 그렇지 않기 때문에 훨씬 비효율적인 언어자극이 된다. 아이가 부모님으로부터 하루에 몇 개의 낱말을 듣느냐보다 아이와 주고받는 직접적인 대화가 얼마나 자연스럽게 이어지고 연결되는지가 더 중요하다.[8]

많은 양의 언어자극은 아이에게 다양한 표현을 들려주며 언어의 용량을 키워주기에 유리하지만, 아이의 언어보다 부모님의 언어에 더 집중하게 되는 단점이 있다. 아이에게 들려주는 언어의 내용과 상관없이 말을 많이 하는 것에만 집중하면 부모의 일방적인 말하기가 이루어진다. 가장 중요한 것은 언제, 어떤 자극을 주는가이다. 이는 아이를 향한 '관심'과 '관찰'을 통해 알 수 있다. 아이와 상호작용을 주고받다 보면 자연스럽게 아이에게 필요한 어휘, 표현, 이야기, 설명을 해줄 수 있다.

아이에게 필요한 언어자극은 아이가 알려준다

언어자극은 따로 시간 내서 하는 게 아니다. 언어치료센터에서 초등학교 입학 전인 한 아이를 만났다. 일주일에 한 번 센터로 방문하는 수업에 어머님은 아이와 매주 빠지지 않고 오셨다. 하지만 숙제를 드리고 다음 수업에서 만나면 늘 바빠서 까먹었다고 말씀하셨다. 그러던 어느 날 어머님이 물으셨다. "아이 말이 빨리 늘지 않는데 수업 횟수를 늘려야 할까요?"

어머님에게 가정에서 하는 언어자극의 중요성을 강조하며, 수업 횟수보다 집에서의 언어자극을 늘려보자고 말했다. 따로 시간을 떼어 아이에게 언어자극을 줄 필요도 없었다. 어머님은 아이와 매일 함께하고 있는 일상에서 적용할 수 있는 요소들을 점검하고 적용했더니 큰 성과를 보았다. 아이에게 필요한 것은 전문가의 언어적 인풋이 아니다. 일상에서 매일 적용하고 활용할 수 있는 말이 필요하다. 그것은 부모님만이 제공할 수 있다.

수업에서 "열어주세요."와 같은 표현을 여러 번 사용해도, 일상생활의 다양한 맥락에서 부모님과 함께 활용하지 않는다면 소용없다. 언어발달을 위해서 특별한 교구, 유명한 전집, 값비싼 학원이나 프로그램이 꼭 필요하지 않다. 영유아기는 가장 익숙하고, 예측 가능한 상황에서 언어를 가장 깊이 이해하고 습득하는 시기다. 따라서 매일 부모님과 함께 소통하는 의미 있는 시간을 보낸다면, 아이는 필요한 언어자극을 충분히 경험할 수 있다.

아이의 손끝을 바라보세요!

요즘은 미국이나 한국이나 SNS 덕분에 육아 정보가 넘쳐난다. 육아하는 부모로서 궁금하고 간지러운 부분을 긁어주는 콘텐츠가 넘쳐난다. 책 한 권을 다 읽지 않아도 딱 필요한 정보만 짧고 간략하게 정리해 알려준다. 마치 부모인 자신보다도 우리 아이의 발달과 필요를 더 잘 이해하는 것만 같다. 그래서인지 요즘 육아를 하는 부모님들은 대체로 육아와 발달에 대한 지식 수준이 매우 높고, 다양한 육아 정보들 속에서 각자의 육아 가치관을 확고히 가지고 있다. 여러 전문가들이 오랜 시간 축적하고 입증한 노하우와 교육 방식이 다양한 매체를 통해 전해지므로 그에 맞는 교구, 기관, 서비스를 골라 사용하기만 하면 된다. 아이에게 필요한 다양한 발달 자극을 부모가 골라서 제공해줄 수 있는 시스템이 갖춰진 셈이다.

하지만 우리 아이에게 필요한 가장 큰 열쇠는 아이가 쥐고 있다. 부모의 역할은 아이의 언어발달 단계를 인지하고 거기에서 딱 한 단계, 한 발자국만 앞서서 이끌어주는 것이다. 아이에게 고급스럽고 세련된 표현을 가르쳐야 하나 고민하기 전에, 먼저 아이의 목소리에 귀를 기울이는 과정이 필요하다. 예를 들어 아이들이 손가락으로 포인팅하는 것에 대해 부모가 반응해주면 효과가 좋다. 아이들은 얼마 지나지 않아 그 단어들을 발화하는 모습을 보인다. 산책하며 아이가 꽃을 가리킬 때 부모가 "꽃!"이라고 말해주면 아이는 얼마 지나지 않아 "꼬!" 하고 모방을 시도한다. 더불어 한 낱말 표현과 포인팅을 조합하여 표현하는 아이들은 얼마 지나지 않아 같은 맥락의 두 낱말을 연결해 표현한다. 꽃을 손가락으로 가리키며 "꼬!"라고 말하는 아이는 조만간 "저기, 꽃!"이라든지 "꽃 있어." 같은 표현을 하게 될 가능성이 크다.

아이들은 자연스럽게 자신이 배울 준비가 된 표현을 배우려는 의지를 나타낸다. 그리고 자신에게 필요한 만큼 반복한다. 현재 자신의 발달에 필요한 정보가 무엇인지 부모에게 알려주는 셈이다. 그것에 부모가 귀를 기울이고 알맞은 반응을 해주는 것만으로 아이에게 가장 필요한 언어자극이 된다.

내 아이가 소화할 수 있을까?

모든 아이가 같은 신호를 보내지 않는다. 아이의 기질과 성향에 따라 신호를 보내는 방법도, 크기도, 내용도 다르다. 한 아이는 기저귀가 불편한 것을 큰 울음이나 떼로 표현하는 반면, 다른 아이는 스스로 기저귀를 벗으려고 시도하거나 아예 불편함을 못 느끼기도 한다.

옛날에는 아이의 기질이니 성향이니 다 이해하지 않고도 잘 크지 않았느냐는 말씀도 하신다. 하지만 부모님이 아니면 누가 아이의 목소리에 귀를 기울여주겠는가? 부모님이 아이의 신호에 귀를 기울이며 알맞은 반응을 해줄 때, 아이는 더 자유롭게 표현하는 언어 능력을 키운다. 기저귀의 불편함을 호소하는 아기에게는 그것을 표현하는 것이 더욱 중요하다. 부모님이 반응만 해준다면 다른 아이들보다 더 빨리 '기저귀'라는 단어를 습득할 기회가 주어진다.

상호작용에서 가장 중요한 부분은 바로 아이의 주도를 따르는 것이다. 영유아기 아이들은 자기중심적인 사고를 지니고 있다. 어른이 이끄는 활동보다 아이가 먼저 관심을 보이는 것에 어른이 합류하여 소통하는 것이 더욱 효과적이다. 부모가 가르쳐주고 싶은 것, 부모가 생각하기에 아이에게 지금 필요한 것, 지금 또래 아이들이 다 하는 것들을 알려주라는 게 아니다. 색깔, 모양, 숫자, 알파벳 같은 개념보다 아이가 직접 만지고 경험하는 생활 속의 실용적인 단어들을 들려주는 것이 우선이다.

'어떻게 하면 아이가 자신의 생각과 의도를 충분히 표현하도록 도울 수 있을까?'라는 생각이 중요하다. 지금 우리 아이가 표현하고 있는 것들, 즉 아이가 이해하고 사용하는 어휘, 아이가 구사하는 문장의 구성, 흥미를 보이는 맥락, 아이가 경험해봤거나 경험하고 있는 상황들…. 이 모든 것을 듣고 관찰하는 것이다.

아이에게 "포도 줄까?"라고 물었을 때의 반응을 통해 '포도'라는 단어가 아이에겐 아직 생소하다는 것을 관찰할 수 있다. 아이가 주방 놀이보다는 블록 쌓기에 더 큰 관심을 보인다면 아이에게 음식을 요리하는 맥락을 표현하기보다는 블록 쌓기에 관련된 표현으로 말을 걸어보는 것이 더욱 효과적이라는 것을 알 수 있다. 또 아이와 함께 책을 읽는데 문장으로 된 책 내용을 듣고 반응하기보다 아이가 그림을 손가락으로 가리키며 명명한다면 긴 문장보다는 짧은 한두 마디로 그림을 묘사할 때 아이가 가장 적극적으로 참여한다는 것을 알 수 있다. 아이의 주도를 관찰함으로써 지금 우리 아이가 소화할 수 있을 만큼의 언어자극이 얼마큼인지에 대해 이해할 수 있다.

내 아이의 발달에 집중하지 않고 또래 아이들을 따라가려고 하면, 조급한 마음에 우리 아이가 성장하는 기쁨을 놓치고 만다. 아이의 발달 수준은 부모의 실력이 아니다. 다시 말해 아이의 발달과 능력은 부모의 능력을 측정하는 도구가 아니다. '내가 이렇게 하니까 아이가 이렇게 됐어.'라고 생각하지 말자. 부모는 아이가 성장의 길을 걸어갈 때, 그 곁을 지켜주며 앞으로 나아갈 수 있도록 응원해주는 것만으로 충분하다. 또 반대로 '지난날에 내가 몰랐던 것 때문에, 못했던 것 때문에 아이가 늦는다.'는 생각도 접자. 우리 아이가 부모님의 기대와 또래 친구들의 수준을 얼마나 잘 따라가는지만 보고 아이의 성공과 실패를 가르지 말자. 오로지 우리 아이가 한 걸음 앞으로 나아가는 모습에 기뻐하며 지금을 누리기를 바란다.

발달단계에 맞춘 말 걸기의 중요성

　언어발달 상담을 위해 찾아오는 부모님들은 같은 고민으로 찾아오더라도 아이의 언어발달 과정의 흐름에 따라 전혀 다른 결과를 얻어간다. 18개월인데, 말이 아직 트이지 않은 두 아이가 있었다. 다양한 문장을 이해하고 옹알이하고 여러 가지 제스처를 사용하며 의사소통을 하려는 의지를 보이는 아이와, 이해도가 낮고 아직 옹알이나 제스처가 왕성하지 않은 아이는 목표도 방향도 다를 수밖에 없다. 부모님이 영유아기 언어발달의 대체적인 흐름을 인지하고 있어야 단순히 주변 또래 아이들과 비교하여 내 아이의 발달을 판단하는 우를 범하지 않을 수 있다. 그리고 아이에게 전문가의 도움이 필요한지도 언어발달의 흐름에 따라 알 수 있다.

　언어는 크게 2가지로 나뉜다. 말이나 글로부터 인지하는 '수용언어'와 생각과 의도를 직접 표현하는 '표현언어'다. 추가로 아이의 '놀이 발달'도 언어발달에 중요한 요소다.

아이는 표현하기 전에 이해한다

보통 아이가 표현할 수 있는 언어의 수준보다 아이가 이해할 수 있는 언어의 수준이 더 높다. 수용언어는 아이가 언어를 표현하기 이전에 반드시 먼저 발달하는 능력이기 때문이다. 아이가 한 낱말을 자발적으로 표현하기까지 아이들은 그 낱말을 수십 번, 수백 번 듣고 이해하는 경험이 쌓여야 한다. 따라서 아이에게 표현언어의 자극을 주고 유도하는 것도 중요하지만, 아이의 수용언어 발달 또한 함께 살펴야 한다.

생후 첫 한 해는 주로 일상을 통해 언어를 이해한다. 아이들은 언어를 전혀 모른 채 세상에 태어나 차차 배워나간다. 마치 언어를 전혀 모르는 낯선 나라에 여행을 간 것처럼 부모님의 표정, 말투, 목소리, 손짓, 몸짓, 상황적 맥락 등 여러 가지 단서를 통해 언어의 뜻을 예측해야 한다. 그중에서도 가장 강력한 단서가 되는 것이 바로 일상 속에서 반복적으로 사용되는 표현이다. 수유 시간만 되면 엄마가 하는 '맘마'라고 표현하고 목욕 시간만 되면 아빠가 "목욕하자."라고 하는 소리를 루틴과 함께 기억한다. 다양한 소리를 분석하고 분류하며 자신에게 의미 있는 표현을 찾아간다. 따라서 이 시기에는 일상에서 표현을 꾸준히 반복하여 들려주고, 다양한 비언어적 단서를 동반해주는 것이 효과적이다.

그러다 보면 아이는 서서히 루틴에서 벗어난 단어를 단서나 맥락이 없이도 이해할 수 있다. 만 1~2세 시기에 아이들은 더욱 다양한 사물과 사람을 분별하기 시작한다. "○○ 주세요.", "○○ 어딨지?" 같은 표현을 제시하면 해당 사물이나 사람을 가리키거나 찾아올 수 있다. 익숙하지 않은 어휘는 단서가 더 많이 필요하고, 익숙할수록 단서가 적거나 없어도 이해할 수 있다.

24개월부터는 단서가 없이도 이해할 수 있는 것들이 더욱 많아진다. 할 수 있는 행동들 또한 늘어나면서 동사의 어휘력이 더욱 높아진다. 먹고 자고 마시는 시기를 지나 걷고 뛰고 들어가고 나오고 열고 넣고 빼는 등 할 수 있는 것들과 하고 싶은 것들이 많아지면서 자연스럽게 이에 상응하는 언어의 이해도 높아지게 된다.

또 여기저기 이동이 편해지고 활동 반경이 넓어지면서 '위에', '밑에', '옆에'와 같은 위치와 관련된 어휘를 조금씩 이해하기 시작한다. 이제는 사고가 자신 위주에서 벗어나 상대방을 조금 더 이해하게 되고 상호작용이 더욱 원활해진다. 따라서 상대방이 건네오는 간단한 질문에 대답할 수 있게 된다. "어딨지?", "이게 뭐야?", "이거 누구지?" 등의 의문사를 이해하고 익숙한 맥락 안에서 한두 낱말로 대답할 수 있다. 이 시기는 무언가에 순서가 있다는 것을 이해하며 자기조절력이 조금씩 자라난다. "손 씻고 밥 먹자.", "양말 신고 신발 신자.", "외투 입고 나가자." 등 무언가를 먼저 하고 그다음 일을 할 수 있다는 것을 이해하도록 이끌어주는 것이 아이의 이해에 큰 도움이 된다.

36개월 이후에는 더욱 길고 복잡한 문장을 이해할 수 있고, 인지적 개념이 늘어난다. 수의 개념을 이해하기 시작하며 "친구 하나 줄래? 2개나 있네.", "○○(이)가 전부 다 가져가." 등의 표현을 이해한다. 다양한 위치에 대한 어휘를 이해하고 "공이 소파 밑에 들어갔어.", "선반 위에 컵 놔둬.", "가방 옆에 엄마 핸드폰 좀 줄래?" 등의 말에 적절히 반응할 수 있게 된다. 또한 사물의 기능을 이해하고, 어떠한 목적을 향한 과정과 이유, 원인과 결과에 대한 이해가 커진다. 예를 들어 '~하고 ~하자', '~하니까/~하면 ~게 됐네', '~라서 ~했어', '~해서 ~했어', '~로 ~하는 거야' 등 말이다. 또 형태를 나타내는 다양한 형용사와 감정, 그리고 반대되는 개념에 대한 이해가 늘어나고 사고가 크게 확장되는 시기다.

4가지가 다져져야 말이 트인다

표현언어는 말 그대로 아이가 자신의 생각과 의도를 말이나 시선, 제스처, 옹알이 등 여러 언어적, 비언어적 의사소통으로 표현하는 능력을 말한다. 먼저 돌 전후로 아이가 첫 발화를 시작하기까지 거치는 필수적인 단계들이 있다. 이 전언어적 단계들이 탄탄히 세워지지 않고는 따라오는 발달 요소들도 탄탄히 세워지기가 어렵다.

첫째로 아이와 상대가 같은 것을 바라보고 또 함께 관심을 공유하고 있다는 것을 인지할 수 있는 능력인 '공동주의joint attention'는 언어의 가장 기초적인 요소다. 약 6~9개월쯤부터 발달하는 이 능력은 부모와 함께 눈을 마주치고 상호작용을 주고받는 것부터 시작해서 차차 상대방의 시선을 따라 자기 시선도 움직이게 만든다. 때로는 사물과 상대방의 얼굴을 번갈아 보기도 한다.

약 9~18개월 사이에는 상대방이 가리키는 사물로 주의를 돌리기도 하고, 직접 사물을 보여주거나 손가락으로 가리키며 상대방의 주의를 끌어보려는 노력도 하게 된다. 공동주의를 통해 아이들은 상대방의 언어와 사물을 매칭하여 새로운 어휘를 습득해갈 수 있다. 이는 나중의 언어 능력과 깊은 상관관계를 이루는 너무나도 중요한 과정이다.

둘째로 발화가 이루어지기 전에 필요한 요소는 '모방'이다. 아이가 언어를 자발적으로 표현하기 이전에, 먼저 상대방의 표현을 모방하는 능력이 필요하다. 아이들은 모방이라는 도구를 통해 자신의 필요와 욕구를 채우는 행동과 소리를 따라 하며 연습한다. 많은 연습 끝에 스스로 의미 있는 언어를 사용하여 필요와 욕구를 채우는 것이다.

셋째는 '옹알이'다. 아이가 다양한 소리를 내려면 다양한 소리를 들어야 한다. 아이에게 말을 자주 걸어주는 것이 옹알이를 잘 할 수 있게 도와주는 방법이다.

마지막으로 아이의 '제스처'도 언어발달의 중요한 기초와 지표가 되는 요소다. 아직 발화가 이루어지지 않은 아이라면 이 4가지를 먼저 살펴보고 기반을 다져주는 것이 중요하다.

돌 전후로 아이의 첫 낱말이 산출된다. 아이는 자신이 자주 들었던 소리, 자신에게 의미 있는 단어, 여러 경험을 통해 확신을 얻은 표현들을 중심으로 어휘를 확장해간다. 그렇게 약 50개 이상의 어휘가 쌓인 시점(약 18~24개월)에 아이는 차차 낱말과 낱말을 조합하여 의미를 연결하기 시작한다. 처음엔 두 낱말을 조합하기 시작하다가, 지속적으로 어휘량이 증가하면 세 낱말을 조합하고 다양한 문법형태소도 더하기 시작한다. 만 2세 반~7세에 서서히 발달해나가는 문법과 문장의 구조는 하루아침에 이루어지는 것이 아니다. 많은 오류와 일반화를 거쳐 차근차근 다져간다.

놀이가 언어의 확장을 좌우한다

언어발달 전문가로서 아이의 언어발달을 관찰하며 꼭 함께 주시하는 건 바로 상징 놀이의 발달이다. 언어와 상징 놀이의 '상징성'이라는 공통점 때문이다.

상징 놀이는 어떠한 사물, 행동이나 사건을 상징화하여 놀이하는 것을 말한다. 바나나를 귀에 대고 "여보세요?"라며 전화기를 상징하거나, 인형을 돌봐주며 엄마와 아기의 모습을 상징하기도 한다. 흔히 가상 놀이나 상상 놀이라고도 하며, 이에 가상의 역할을 맡아 놀이하는 역할 놀이나 극 놀이도 포함된다.

언어란 그 뜻을 상징하는 공통된 표현, 즉 '상징성'이 기반이 된 하나의 소통 도구이며, 상징 놀이 또한 실질적 사물이나 상황을 상징하는 놀이인 상징성을 토대로 발달하는 영역이다. 따라서 아이의 상징 놀이는 현재와 미래의 언어 능력에 대한 많은 정보를 주며, 아이의 상징 놀이 패턴과 언어 능력이 상응함을 볼 수 있다. 예를 들면, 아이들은 첫 낱말을 산출할 때쯤 먹는 척, 전화하는 척 하는 상징 놀이 행동을 하며, 낱말을 조합할 때쯤 언어와 상징 놀이 행동을 연결 짓기 시작한다. 문법의 형태가 나타나는 시기에는 더욱 논리적으로 이어지는 상징 놀이를 펼쳐나가기 시작한다.

2장에서 소개하는 발달 체크리스트에는 상징 놀이 발달의 과정도 월령별로 정리했다. 체크리스트를 통해 아이의 현재 상징 놀이 발달단계를 정확히 파악해보자. 아이가 어떠한 상징 놀이 행동을 자주 하는지 부모가 인지한다면, 아이의 연령보다 아이의 언어발달에 알맞은 놀이 환경을 제시하기가 더욱 쉬워진다.

2장

우리 아이, 잘 크고 있을까?

우리 아이의 언어발달은 몇 걸음인가요?

　3~60개월 사이의 언어발달을 총 다섯 걸음으로 나누었다. 아이의 발달 사항을 체크하여 현재 우리 아이가 언어를 어떻게 이해하고(수용언어) 어떻게 표현하는지(표현언어), 그리고 놀이는 어떻게 구성하는지 살펴보자. 월령 범위를 표기했지만 참고를 위한 지표일 뿐이다. 아이의 발달 사항을 체크하기 위해 시작 지점을 찾을 때만 활용하길 바란다. 아이가 현재 어디에 있는지에 집중하자.

　어느 부모든 우리 아이가 최소한 또래만큼 또는 또래보다 앞서기를 원한다. 하지만 아이에게 알맞은 언어자극을 주기 위해서는 아이의 현재 발달에 맞는 자극을 주는 것이 중요하다. 만약 아이의 발달이 현재 월령보다 빠르다고 해서 언어자극을 줄일 필요는 없다. 아이의 현재 발달단계에서 그다음 단계를 바라보며 꾸준한 성장을 돕는 것이 아이에게 알맞은 언어자극이다. 반대로 아이의 발달이 현재 월령보다 느린 경우에는 아이의 월령에 맞는 스킬을 목표로 하기보다 현재 발달단계에 초점을 맞추고 그다음 단계의 스킬을 향해 나아가야 더 빠르고, 확실하게 효과를 볼 수 있다.

우리 아이의 현재 언어발달 단계를 이해하는 것은 매우 중요하다. 이유는 다음과 같다. 첫째, 아이와 작은 성장의 기쁨을 함께 누리기 위해서다. 아이들은 다 꾸준히 자라고 있다. 속도와 과정의 차이는 있을지라도 이 세상에 자라지 않는 아이는 없다. 그리고 아이가 성장의 걸음을 앞으로 내디딜 때 부모가 알아주고 옆에서 함께 걸어간다면 그 성장의 효과는 배가 될 수 있다. '아, 내가 잘하고 있구나.', '계속해봐야겠다.'는 힘을 얻는 것이다. 또는 '이건 좀 어려운데?', '혼자서는 잘 안 돼.' 이런 상황에 놓일 때 바로 옆에서 아이의 손을 잡아주는 부모님의 역할이 아이 언어발달의 큰 부스터가 된다.

둘째, 우리 아이에게 가장 알맞고 효율적인 언어자극을 주기 위해서다. 아이의 현재 발달단계보다 너무 쉬운 언어자극을 준다면 아이는 금방 지루함을 느끼고 잠재된 언어 능력을 모두 발휘하지 못한다. 또 그렇다고 해서 아이의 현재 발달단계에서 너무 어려운 자극을 주면 아이는 자신 있게 표현을 시도하고 소통하는 경험을 하지 못한다. 아이의 현재 발달단계를 명확히 파악하여 아이에게 알맞은 다음 단계가 무엇인지를 결정해야 아이에게 필요한 언어자극을 줄 수 있다.

예를 들어 아이가 아직 한 낱말로 표현하는 단계이고, 물을 마시고 싶어서 손을 뻗으며 "무….".라고 보챘다고 하자. 이때 엄마가 "따라 해봐. 엄마, 물 주세요."라고 문장으로 말하기를 유도한다면, 아이는 따라 할 수 없다. 설사 단어를 하나씩 따라 한다고 해도 다음번에 물을 마시고 싶을 때 아이가 "엄마, 물 주세요."라고 말하기는 어렵다. 또 그런 아이는 단어의 의미를 모두 파악하지 못한다. 자발적으로 언어를 표현한 것이 아니기 때문이다. 따라서 부모는 아이의 현재 언어 발달단계를 잘 이해하고 그다음 단계가 무엇인지 먼저 알아야 아이에게 더욱 효율적인 자극을 줄 수 있다.

다음의 체크리스트는 여러 연구와 논문을 바탕으로 했으며, 나의 임상적 견해를 더하여 정리했다.[9] 먼저 아이의 개월 수를 찾아 지문을 읽고 체크 표시를 해보자. 해당 개월 수에 체크가 많다면 다음 개월 수에 체크해보고, 체크 표시가 많지 않다면 이전 개월 수를 살펴서 우리 아이가 현재 몇 걸음 단계에 있는지 확인하자. 체크 표시를 가장 많이 한 곳이 아이의 현재 언어 발달단계다.

한 걸음, 아직 말하기 전이에요(3~12개월)

3~6개월

🌸 **수용언어**
- ☐ 소리 나는 방향으로 고개를 돌린다.
- ☐ 상대방이 말 걸면 듣고 쳐다본다.
- ☐ 익숙하거나 부드러운 목소리에 울음을 멈춘다.

🌸 **표현언어**
- ☐ '구', '가', '그'와 같은 목 뒤에서 나는 소리를 낸다.
- ☐ 상대방의 목소리나 웃는 표정에 눈을 마주치고 반응한다.
- ☐ 미소 짓는다.
- ☐ 소리 내어 웃는다.
- ☐ 투레질(입술 사이로 혀를 내밀고 투르르 소리를 내는 짓)이나 혀 내밀기, 상대방의 표정 등을 모방한다.
- ☐ '마', '바' 등 짧은 한 음절 소리를 내기 시작한다.

🌸 **놀이**
- ☐ 까꿍 놀이나 노래, 재밌는 소리에 눈 맞춤이나 웃음으로 반응한다.
- ☐ 사물이나 얼굴을 오래 쳐다본다.

- [ ] 사물을 향해 손을 뻗어 잡으려고 한다.
- [ ] 도구나 장난감의 원래 기능에 상관없이 탐색한다.

7~9개월

❉ 수용언어

- [ ] 양육자가 쳐다보는 가까운 사물을 쳐다본다.
- [ ] 익숙한 사물과 사람을 명명하면 쳐다본다.
- [ ] 아이를 부르면 반응하기 시작한다.
- [ ] "안 돼."라고 하면 멈추고 쳐다본다.
- [ ] 노래를 관심 있게 듣는다.

❉ 표현언어

- [ ] '아바바바', '마마마', '다다다' 등 반복 음절 소리를 내기 시작한다.
- [ ] 'ㅂ', 'ㅃ', 'ㅁ', 'ㄴ', 'ㄸ' 등 1개 이상의 자음 소리를 낸다.
- [ ] 목소리의 억양, 크기, 리듬의 변화에 관심을 갖고 모방한다.
- [ ] 기분이 안 좋으면 찡찡대며 고개를 돌리거나 기분 좋으면 옹알이하는 등 손짓과 음성으로 좋고 싫음을 나타낸다.
- [ ] 타인과 사물을 번갈아 쳐다본다.
- [ ] 옹알이로 타인의 주의를 끌려고 한다.

❀ 놀이

☐ 사물을 주로 입으로 만지거나 손으로 치고 흔들고 두드리는 행동으로 탐색한다.

☐ 흔들면 소리 나는 딸랑이를 보며 자신의 행동의 결과로 나타나는 현상을 관찰하고 행동을 반복한다.

☐ 장난감을 가지고 놀면서 동시에 다양한 소리로 옹알이한다.

☐ 일부가 가려진 사물을 찾을 수 있다.

10~12개월

❀ 수용언어

☐ "이리 와.", "앉아." 등 간단한 지시사항을 따른다.

☐ '뽀뽀', '만세', '빠이' 등 간단한 손짓, 몸짓을 요구하면 따른다.

☐ 일상에서 반복되는 식사, 목욕 시간 등을 예측한다.

☐ 책에 있는 익숙한 그림을 명명하면 쳐다본다.

☐ 보이는 곳에 사물이 있을 때 "○○ 어딨지?", "○○ 주세요." 등의 요구에 반응한다.

❀ 표현언어

☐ '바다부', '암마나미' 등 여러 자음, 모음이 섞인 음절들을 연결한다.

- ☐ 어른의 억양이나 운율과 비슷한 소리를 낸다.
- ☐ '엄마', '아빠', '까까' 등 초기 낱말이 등장한다.
- ☐ 물을 '무', 우유를 '우'라고 하는 등 단어를 단순화된 소리로 표현한다.
- ☐ 특정한 사물, 사람, 행동 등을 자주 모방하고 일관된 표현으로 말한다.
- ☐ '주세요', '박수', '배꼽 인사' 등 다양한 손짓, 몸짓을 사용한다.

❋ 놀이
- ☐ 자신의 관심사에 한해 상대방이 보여주는 놀이 행동을 모방한다.
- ☐ 양육자와의 상호작용을 즐기고 반복하려고 한다.
- ☐ 상대방의 손을 움직이거나 이불을 올리는 등 까꿍 놀이를 먼저 시작한다.
- ☐ 당기고 돌리고 밀고 누르는 등 장난감을 다양한 방법으로 탐색한다.
- ☐ 시행착오를 통해 장난감 조작 방법을 터득한다.

두 걸음, 한 개의 낱말을 뱉을 수 있어요 (13~18개월)

🍀 **수용언어**

☐ 50개 이상의 단어를 이해한다.
☐ "○○ 가져와.", "○○ 주세요.", "인형 안아줘.", "닫아주세요." 등 한 단계 지시사항을 따른다.
☐ 신체 부위 몇 개를 가리키며 말할 수 있다.
☐ 익숙한 사물, 사람, 그림을 명명하면 가리킨다.
☐ "줄까?", "할래?", "해줘?" 등 선택적 질문에 고갯짓 또는 단어로 대답한다.

🍀 **표현언어**

☐ 13개월에 1~6개 단어, 18개월에 10~50개 단어를 사용한다.
☐ 한 단어를 모방할 수 있다.
☐ 외계어 같은 말을 할 때도 있지만 알아들을 수 있는 단어도 함께 사용한다.
☐ 다양한 손짓, 몸짓으로 의사를 표현한다.
☐ 원하는 것을 손으로 가리킬 줄 안다.
☐ 의성어·의태어를 모방하거나 스스로 발화한다.
☐ 옹알이, 주의 끌기, 대답하기, 인사, 거부나 부정 등 손짓, 몸짓, 단어를 사용해 다양한 의사를 표현한다.

❧ 놀이
- ☐ 장난감 차 안에 인형 넣기, 사물을 통에 넣었다 빼기, 숟가락을 그릇에 넣어 젓기 등 장난감의 관계를 이해한다.
- ☐ 청소기 밀기, 블록 쌓기, 종이에 그림 그리기 등 익숙한 사물을 원래 기능대로 사용한다.
- ☐ 음식 모형이나 장난감 식기 등을 올바르게 사용한다.
- ☐ 먹고, 자고, 씻고, 전화하는 등 일상 속에서 자주 겪는 상황을 연출한다.
- ☐ 머리 빗기, 물 마시기 등을 한다.

세 걸음, 낱말을 조합할 수 있어요 (19~24개월)

❧ 수용언어
- ☐ 약 150~500개의 단어를 이해한다.
- ☐ 동사 어휘의 이해도가 증가한다.
- ☐ 손가락으로 가리키지 않아도 지시사항을 따를 수 있다.
- ☐ "○○ 어딨지?", "이게 뭐야?", "이거 누구야?" 등 익숙한 맥락에서의 간단한 질문을 이해한다.
- ☐ '안', '밖' 등의 위치 어휘를 이해한다.

🌸 표현언어

☐ 24개월에 약 50~300개의 단어를 사용한다.

☐ 제스처보다 말로 더 많은 것을 표현한다.

☐ 2개 이상의 단어를 조합하기 시작한다.

☐ 주로 '지금', '여기' 일어나는 일들을 이야기한다.

☐ 자신의 이름을 말할 수 있다.

☐ "이게 뭐야?", "어딨지?" 등의 간단한 질문을 한다.

☐ 듣는 사람이 아이의 말을 25% 정도 알아들을 수 있다.

🌸 놀이

☐ 요리, 청소 등 가족이 하는 익숙한 상황을 연출한다.

☐ 인형, 엄마, 아빠에게 음식을 먹이는 등 자신 외의 대상을 향한 놀이 행동을 한다.

☐ 인형을 욕조에 넣고, 비누칠하고, 꺼내서 말리는 등 놀이 행동을 연결해서 한다.

☐ 또래 친구 옆에서 놀더라도 대부분 혼자 논다.

네 걸음, 짧은 문장으로 말할 수 있어요 (25~36개월)

25~30개월

🍀 수용언어

- [ ] "방에 가서 책 가져와." 같은 두 단계 지시사항을 따른다.
- [ ] '하나', '전부', '다' 등의 개념을 이해한다.
- [ ] '위에', '밑에', '옆에' 등 다양한 위치 어휘를 이해한다.
- [ ] 질문을 이해하고 '예' 또는 '아니오'로 답한다.
- [ ] 짧은 이야기를 집중하여 들을 수 있다.

🍀 표현언어

- [ ] 30개월에 약 100~450개의 단어를 사용한다.
- [ ] 주로 2~3개 이상의 단어를 조합해 사용한다.
- [ ] '~도', '~랑', '~에', '이/가' 등 주어에 조사나 어미를 붙인다.
- [ ] '~꺼', '~것' 등 소유격을 사용한다.
- [ ] "안 돼.", "아니야.", "싫어." 등 부정문을 사용한다.
- [ ] 듣는 사람이 아이의 말을 50% 정도 알아들을 수 있다.

🍀 놀이

- [ ] 마트 놀이, 병원 놀이, 생일파티 등 흔하지만 매일 겪지 않는 상황을 연출한다.

- [ ] 막대기를 숟가락으로 사용하고, 휴지를 이불로 사용하는 등 도구를 사용해 다른 사물을 상징하도록 대치한다.
- [ ] 인형이 다양한 행동을 하게 한다.
- [ ] 생일파티에 필요한 케이크와 인형을 모으는 것처럼 놀이에 필요한 물건들을 모아서 가져온다.
- [ ] 또래 친구 옆에서 놀며 가끔 친구의 놀이를 관찰한다.

31~36개월

🌸 **수용언어**

- [ ] "간식 다 먹으면 손 씻고 산책하러 가자."라는 다단계 지시 사항을 따른다.
- [ ] '뜨겁다-차갑다', '크다-작다' 등 형용사와 반대 개념을 이해한다.
- [ ] '누가', '왜', '어떻게', '얼마나' 등을 사용한 다양한 질문을 이해하고 대답한다.
- [ ] "뭐로 먹지?"라고 물으면 "포크!"라고 답할 정도로 사물의 기능을 이해하고 있다.
- [ ] 양육자가 하는 말을 아이가 대부분 이해한다.

🌸 **표현언어**

- [ ] 36개월에 약 250~1,000개의 단어를 사용한다.

- ☐ '~했어'라며 지나간 일을 이야기할 수 있다.
- ☐ '~고 있어', '~한다' 등 현재 진행 상황을 설명한다.
- ☐ '~할 거야', '~할래', '~할게' 등 가까운 미래에 대해 이야기한다.
- ☐ '어디', '누가', '무엇', '왜' 등을 사용해 다양한 질문을 할 수 있다.
- ☐ '~는', '~을/를', '~로' 등 더욱 다양한 조사를 붙인다.
- ☐ 어른과 대화를 주고받을 수 있다.
- ☐ 듣는 사람이 아이의 말을 75% 정도 알아들을 수 있다.

🌸 놀이

- ☐ 소방관, 경찰 등을 본 적은 있지만 직접 경험해보지 않은 사건이나 사고를 연출한다.
- ☐ 겪어본 상황을 연출하되 상황을 변형시킨다.
- ☐ "토끼야, 배고프지? 당근 줄게."처럼 인형에게 말을 건다.
- ☐ 의사와 환자, 엄마와 아기 등 놀이 상대와 각자 역할을 맡아 상황을 연출한다.
- ☐ 요리하고, 밥 먹고, 청소하는 등 시간 순서에 따라 상황을 연결한다.
- ☐ 또래 친구 옆에서 같은 활동을 하며 놀지만, 꼭 같이 협력하지는 않는다.

다섯 걸음, 문장으로 대화할 수 있어요(37~60개월)

37~48개월

❀ 수용언어

☐ 다른 방에서 부르면 대답한다.
☐ '누가', '왜', '어떻게' 등을 사용한 다양한 질문을 이해하고 대답한다.
☐ 좋아하거나 자주 보았던 색깔의 이름을 말할 수 있다.
☐ 동그라미, 세모 등 모양의 이름을 말할 수 있다.
☐ "어떤 과일 먹을래?"라고 물으면 답하는 등 과일, 채소, 동물 등의 범주어를 이해한다.
☐ '이모', '삼촌', '누나', '언니' 등 가족 호칭에 대한 이해가 넓어진다.

❀ 표현언어

☐ 4개 이상의 단어를 조합한 문장을 사용한다.
☐ '~고 있어', '~한다' 등 현재 진행 상황을 설명한다.
☐ 문법적 오류가 자주 발생한다.
☐ '~에서', '~로', '~한테' 등 추가 조사가 발달한다.
☐ '나', '너', '우리' 등 대명사를 사용한다.
☐ '언제', '어떻게' 등을 사용해 질문을 한다.

- ☐ 하루 중 있었던 일에 대해 약 네 문장 정도로 얘기한다.
- ☐ 듣는 사람이 아이의 말을 거의 다 알아들을 수 있다.

❋ 놀이
- ☐ 소방관, 경찰 등을 본 적은 있지만 직접 경험해보지 않은 사건이나 사고를 연출한다.
- ☐ 영웅, 공주 등 가상 캐릭터가 등장한다.
- ☐ "나는 경찰이야. 내가 강아지를 구해줄게!" 등 인형을 대신해 말한다.
- ☐ 상상 속 도구를 사용하여 언어와 행동으로 표현한다.
- ☐ 차례를 기다리거나 양보하기 시작한다.
- ☐ 또래 친구들과 대화를 주고받으며 놀이한다.

49~60개월

❋ 수용언어
- ☐ '먼저', '다음', '마지막' 등 순서의 개념을 이해한다. 가령 "종이에 이름을 먼저 쓰고, 그다음에 그림을 그리자."와 같은 지시사항을 순서대로 따를 수 있다.
- ☐ '어제', '오늘', '아침', '저녁' 등 시제 어휘를 이해한다. 가령 "내일 저녁에 고기 먹자."와 같은 문장을 이해한다.
- ☐ "잠옷 입고 이 닦은 다음에 책 하나 골라 와." 등 길고 정교

한 지시사항을 이해한다.
- ☐ 짧은 이야기를 듣고 이야기에 관련된 간단한 질문을 이해하고 답한다.
- ☐ 집이나 기관에서 듣는 대부분의 대화를 이해한다.

❀ 표현언어
- ☐ 문장과 문장을 연결한 복문장을 사용한다.
- ☐ '~라고', '~만' 등 추가 조사가 발달한다.
- ☐ '~어서', '~니까', '~고', '~해서', '~는데', '~면', '~러', '~때', '~면서', '~다가', '~는데' 등 연결어미가 발달한다.
- ☐ 짧은 이야기를 전달할 수 있다.
- ☐ 같은 주제에 대하여 주고받는 대화를 이어갈 수 있다.
- ☐ 어린아이에게 유아어, 어른에게 존댓말 등 대화 장소 또는 상대에 따라 말투를 조절한다.
- ☐ "가, 가, 가, 가, 가방에 있어." 또는 " 가방, 가방, 가방, 가방에 있어."처럼 주로 첫음절이나 단어를 반복하여 말하지 않는다.
- ☐ 발음의 오류가 거의 없다.

❀ 놀이
- ☐ 언어로 놀이를 계획하고, 역할을 분담하고, 이야기를 만들

어간다.
- [ ] 마법의 음식을 먹는 등 한 번도 경험해보지 못한 상상 속 이야기를 연출한다.
- [ ] 생일파티를 하기 위한 계획, 불이 난 집을 돕는 등 문제나 해결이 있는 계획적인 이야기를 짠다.
- [ ] 또래 친구와 같은 목표를 가지고 협력하여 놀이한다.
- [ ] 혼자 노는 것보다 또래 친구들과 노는 것을 좋아한다.
- [ ] 규칙이 있는 놀이나 간단한 보드게임에 참여할 수 있다.

아이마다 수용언어, 표현언어, 놀이 발달 수준에 차이가 있다

아이마다 언어 성향은 다 다르다. 표현언어가 비슷한 수준에 있는 두 아이라도 언어를 이해하는 수준에서는 차이가 있을 수 있고, 놀이의 성향과 수준도 다를 수 있다.

이 책은 표현언어를 중심으로 쓰였다. 아이가 현재 어떻게 언어를 표현하고 있는지를 기준으로 소통 방법을 나열했다. 만약 아이의 수용언어와 표현언어의 수준에 큰 격차가 없다면 아이의 발달 수준에 맞는 언어자극을 따라 하면 된다. 만약 아이의 수용언어 능력이 표현언어보다 높은 수준에 있다면, 때에 따라 언어의 수준을 조절할 수 있다. 평상시에 아이에게 지시하거나 질문하거나 어떠한 정보를 설명하고 재미있는 이야기를 해줄 때는 아이의 수용언어 발달단계에 알맞은 표현으로 이야기해줄 수 있다. 아이가 이해할 수 있을 만큼의 어휘와 표현으로 말이다. 하지만 아이가 자신의 의사를 표현하고자 하는 순간에는 아이가 따라 해볼 수 있을 만한 짧은 표현, 즉 아이의 표현언어 수준에 알맞게 말하는 것이 좋다.

만약 아이의 수용언어 수준이 현저히 낮다면, 아이의 이해 능력과 상호 소통 능력을 우선으로 증진하는 것이 전반적인 의사소통에 중요하다. 따라서 아이의 수용언어 능력을 중심으로 먼저 자극하기를 추천한다. 이와 관련하여 활용할 수 있는 영유아 기본 어휘 목록을 부록으로 수록하였으니 참고하기 바란다(260쪽 참고).

보통 수용언어와 표현언어는 균형적으로 발달하거나, 수용언어가 표현언어보다 살짝 더 빨리 발달하는 경향이 있다. 하지만 어느 쪽이든 수용언어나 표현언어의 발달이 불균형적으로 나타나거나, 전반적인 언어발달 수준이 실제 월령보다 6개월 이상 늦다면, 가까운 기관에서 전문가와의 상담을 통해 더욱 상세한 사항들을 살펴볼 것을 권한다. 자, 이제 아이의 발달단계를 확인했다면 우리 아이를 위한 맞춤 언어자극을 알아보자.

3장

하루 1분 일상 속 언어자극

한 걸음 언어자극

아직 말하기 전이에요

아이와 사랑으로
교감하는 말 걸기

아이의 시야에 들어가 "우르르 까꿍!"

만 3세 미만 아이들과 일하다 보면 나는 늘 바닥에 붙어 있게 된다. 아이들과 얼굴을 마주 보고 눈을 마주치기 위해서다. 허리를 펴고 앉아서 "○○야, 이거 봐봐!" 하고 열심히 장난감을 흔들고 아이의 이름을 부르는 것보다, 아이의 시야에 들어가서 눈높이를 맞추고 말을 거는 것이 아이의 시선을 끌고 상호작용 하기에 훨씬 효과적이다.

특히 아이가 바닥에서 장난감을 가지고 놀 때는 장난감이나 사물에 집중해 자연스럽게 시선이 내려간다. 그럴 때 오히려 어른이 바닥에 엎드리거나 수그려서 아이가 최대한 눈을 마주치고 편안하게 쳐다볼 수 있는 거리에서 기다리면 좋다. 책상에 함께 마주 앉아 할 수 있는 활동이라면 더욱 눈높이를 맞추기가 쉬워진다.

이렇게 서로 얼굴을 마주 보며 대화할 때 아이는 부모의 표정과 입 모양을 통해 언어적 단서를 얻으며 소통을 배워갈 수 있다.

세상과의 소통은 눈 맞춤으로 시작한다

아이들이 태어나서 다른 누군가와 소통하는 첫 단계는 바로 눈 맞춤이다. 시력이 점점 뚜렷해지면서 가장 먼저 시선을 고정하기 시작하는 것이 바로 부모의 얼굴이다. 눈도 잘 못 뜨던 신생아가 어느 날 부모와 눈을 마주치고 부모의 얼굴을 빤히 쳐다보는 순간은 아마 많은 부모에게 소중히 기억될 것이다. 아이의 눈 맞춤에 부모가 부드러운 말투와 밝은 표정으로 반응해주거나 "우르르~ 까꿍!"하고 재미있는 소리라도 내주면 더욱 집중해서 빤히 쳐다본다.

여기서 이미 아이는 부모와 상호작용 하는 것이다. 부모의 얼굴과 입 모양을 관찰하며 부모의 목소리와 매칭한다. 아이는 부모의 소리에 눈을 마주치고, 또 부모는 그것에 반응하여 대답한다. 그러면 아이는 계속해서 부모와 눈을 마주치며 '다시 한번 소리 내주세요!' 하고 의사소통한다. 아이의 눈 맞춤에 대해 부모가 꾸준히 반응하는 상호작용이 쌓이면, 차차 표정, 손짓, 몸짓, 옹알이 등으로 확장되어 결국 구어 표현까지 주고받게 된다.

그러니 아이가 부모와 눈을 마주치는 순간에 부모는 반응해줘야 한다. 눈 맞춤 또한 손짓이나 몸짓, 구어적 표현과 같은 소통 신호 중 하나다. 부모의 목소리에 반응하는 신생아는 '처음 들어보는 소리예요!', '익숙하고 따뜻한 목소리예요.', '그 소리 다시 한번 들려주세요!' 같은 의도를 가지고 시선을 유지한다. 처음에는 부모와 일대일 눈 맞춤으로 시작하지만, 점차 아이는 부모의 시선을 따라 제3의 대상에 집중할 수 있는 능력이 생긴다.

자신이 쳐다보고 있는 장난감에 부모도 함께 집중하고 있다는 것을 인지하는 능력이다. 앞서 언급한 공동주의는 아이와 함께 집중하고 있는 대상에 대한 상대방의 언어를 연결 지어 언어를 배우고 습득하는 데 큰 도움을 준다. 그리고 자신의 관심을 공유하고자 사물과 부모를 번갈아 쳐다보기도 한다. '저것 봐봐요!', '이거 주세요.', '나 좀 도와줘요.', '엄마랑 같이 놀고 싶어요.' 등과 같은 의도를 가지고 말이다.

아이가 부모의 얼굴을 쳐다보았을 때 함께 눈을 마주쳐 반응해주는 '자세'가 중요하다. 아이가 전달하려는 듯한 메시지를 부드러운 말투로 들려준다거나 재미있는 소리나 표정을 지어준다거나 노래를 불러주는 등 무엇이든 좋다. 아이에게 '나도 지금 너에게 집중하고 있어.'라고 알려주기만 하면 된다.

소통 그 자체보다 눈 맞춤이 선행되어야 한다는 것은 아니다. 아이와 소통을 주고받기 위해서 아이가 어떻게든 부모의 눈을 보게 만들라는 것도 아니다. 미국 언어치료에서도 수십 년간 눈 맞춤의 중요성을 강조하며, 의사소통의 기초적 목표 중 하나로 제시했다. 그런데 최근 신경다양성neurodiversity, 즉 뇌 신경의 차이로 인해 발생하는 다름을 장애보다 다양성에 포함하려는 인식을 존중하는 치료 방향neurodiversity-affirming practice이 강조되면서 눈 맞춤 또한 하나의 다양성으로 존중해야 한다는 목소리가 높아지는 추세다. 모든 아이에게 동등하게 적용되는 것은 아니지만, 아이마다 소통법에 차이가 있을 수 있고 모든 아이가 눈 맞춤으로 소통을 시작하지는 않는다는 것을 고려할 여지가 있다는 말이다.

만약 아이와 눈 맞춤이 잘 되지 않을 때는 현재 아이의 관심사에 함께 집중하며 자연스럽게 아이와 눈높이를 맞추어 말을 걸고 기다리며 눈 맞춤을 유도해보자. 그리고 아이가 부모와 눈을 마주치는 찰나의 순간에는 환한 표정과 긍정적인 반응으로 눈 맞춤을 강화해주며 더 원활한 상호작용을 이어가면 된다.

부모의 표정이 아이에게 주는 메시지

아이들은 부모의 표정을 통해 세상의 새로운 것들에 어떻게 반응할지를 배워간다. 부모의 표정에 아주 민감해서 어두운 표정에 혼란과 불안감을 느끼기도 하고, 환한 표정에 더욱 적극적으로 반응하며 안정적으로 주위 환경을 탐색하기도 한다. 유리로 된 시각절벽visual cliff을 사이에 두고 엄마가 아기를 불렀을 때 아기가 건너오는지 살펴보는 실험은 유명하다. 엄마가 밝은 표정으로 웃으면서 아기를 부르면 유리판을 건너 엄마 쪽으로 건너올 수 있지만, 엄마가 무표정이나 화난 표정으로 부르면 유리판을 건너오지 못한다. 이처럼 아기들은 부모의 표정을 참고해 안정감과 자신감을 얻고 자신의 행동을 결정한다.

하버드대학의 에드워드 트로닉Edward Tronick 박사가 실행한 무표정 실험Still Face Experiment도 이를 뒷받침한다. 이 실험에서는 먼저 엄마와 아이가 2분 동안 자유롭게 밝은 표정으로 상호작용을 주고받는다. 그러다 엄마가 더는 웃지 않고 무표정한 얼굴로 아이에게 반응하지 않았다가 잠시 후 다시 정상적으로 놀아주었다. 그리고 아이의 반응을 살펴본 결과, 아이는 처음엔 엄마에게 계속해서 상호작용을 요구하며 관심받기 위한 노력을 하다가 점차 불안한 행동을 보이며 놀이에 흥미를 잃고 소극적인 모습을 보였다. 아이와 상호작용 할 때 환한 표정을 지어주는 것만으로 아이가 소통의 문을 더욱 활짝 연다는 것을 알 수 있다.

항상 웃으라는 건 아니다. 아이가 부모와 시선을 맞추며 부모의 반응을 기다리는 순간 최대한 진심 어린 표정으로 반응하면 된다. 때에 따라 다양한 상황들을 평소보다 조금 더 과장된 표정으로 나타내주는 것도 포함된다. 무언가가 떨어지거나 부러졌을 때 "어떡해." 하고 말하며 안타까운 표정을 조금 더 과장되게 표현하거나, 무언가 없어져서 찾는 순간에는 "어디 갔지?" 하며 궁금한 표정을 과장되게 나타내며 아이에게 전달하는 메시지의 의미를 더욱 강조해주는 것이다.

또 다른 중요한 표정은 '소통을 기다리는 표정'이다. 아이와의 소통을 기대하며 기다리는 표정을 통해 아이는 자신이 소통에 참여할 차례라는 단서를 얻고 시도해본다. 상대방과 눈을 마주치며 함께 관심을 공유하고 있고 소통할 준비가 되어 있다는 것을 나타낸다. 부모는 밝은 표정을 통해 아이에게 '너의 목소리를 들을 준비가 되어 있어.'라는 메시지를 전달한다. 방법은 어렵지 않다. 아이에게 말을 걸며 이 메시지를 머릿속에 담고 있으면 자연스럽게 눈썹이 더 올라가고 입 모양이 커지고 아이의 얼굴을 마주 보게 되는 것을 느낄 수 있다.

아이와 마주 보고 앉아서 책 읽기

아이에게 책을 읽어줄 때 부모들은 대부분 아이를 무릎에 앉히고 책을 함께 바라보며 읽는다. 아이와 스킨십하기도 좋고 부모가 책을 읽어주기 편안한 자세이기도 하다. 그런데 아이와 마주 보고 앉아서 책을 읽어주는 경우에도 장점이 있다. 아이와 눈을 맞추며 다양한 표정과 제스처로 상호작용을 할 수 있다는 것이다. 아이가 부모의 표정과 입 모양을 단서 삼아 책의 내용을 더 깊이 이해하고 직접 모방하거나 참여하기가 쉽다.

언어에 생동감을 주는 패런티즈를 사용해요

"아이고, 귀여워라.", "안녕, 몇 살이니?" 아이와 마트나 놀이터에 가면 종종 아이들을 귀여워하며 말을 거는 사람들을 만난다. 아이를 보고 멈추어 말을 거는 사람들은 아이들을 좋아한다는 것이 목소리 톤에서도 나타난다. 성인을 대하는 말투와는 다른, 아이들을 향한 특유의 말투와 목소리를 사용한다.

그런데 종종 상담하러온 부모님들에게서 색다른 모습을 볼 수 있다. 마치 어른과 대화하는 것처럼, 밖에서 모르는 사람을 마주쳤을 때보다 단조로운 목소리로 아이와 대화한다. 특히나 아이가 아직 말문이 트이지 않은 경우, 반응하지 않는 아이에게 직접 말을 거는 것을 어색하게 느끼는 경우도 꽤 많다.

그런 부모님들께 조금 더 과장되고 생동감 있는 말투와 표정으로 아이에게 말을 거는 기회를 늘리도록 지도한다. 부모님들은 여전히 어색해하고 쉽게 말투를 바꾸지 못한다. 평소 무뚝뚝한 편이라며 아이를 낳기 전까지 아이를 좋아하지 않았다는 한 어머님을 만났다. 그녀는 언어발달에 지연이 있는 두 돌이 안 된 아이와 상호작용 하는 것을 어려워했다. 평소 아이가 미국의 장수 어린이 프로그램 세서미 스트리트Sesame Street를 좋아한다고 말씀하시기에 그곳에 나오는 출연자들의 목소리와 말투를 따라 하라고 조언했다. 그러자 아이에게 차차 조금씩 생동감 있는 말투로 더 깊이 있는 상호작용을 하는 모습을 볼 수 있었다.

공감능력을 촉진하는 패런티즈 화법

패런티즈란 사랑스러운 아이에게 말을 걸 때 자동으로 장착되는 소위 '엄마 목소리'를 말한다. 성인이 영유아를 향해 말을 걸 때 사용되는 말투로 아동지향어child-directed speech라고도 불린다. 주로 엄마의 목소리에서 자주 나타나기에 모성어motherese라고 불리기도 한다. 하지만 꼭 엄마에게만 국한할 수 없다는 취지로 미국에서는 모성어보다 패런티즈parentese라는 단어가 자주 쓰인다. 모두 같은 의미를 가진 이 말투의 특성은 다음과 같다.

- 톤이 조금 올라간 밝은 목소리
- 부드러운 말투
- 노래하듯 높낮이가 있는 과장된 억양
- 음절이 늘어난 느린 말투
- 짧고 간략한 언어

지금 부모 세대가 어릴 때 본 TV 프로그램 '뽀뽀뽀'를 모르는 사람은 거의 없을 것이다. 그곳에 나오는 뽀미언니를 생각해보자. 아이들을 향한 특유의 어조와 목소리 톤을 가지고 있다. 말의 높낮이가 크고, 평소보다 느린 말투와 아이들이 이해하기 쉬운 짧고 간략한 표현들을 사용한다. 흔히 어린이집 교사에게서도 비슷하게 들을 수 있는 말투다. 모두 패런티즈라고 칭할 수 있다.

모르고 사용하는 것과 알고 사용하는 것의 차이

아이들은 어른들끼리 대화할 때 사용하는 단조로운 말투보다, 느리고 과장된 억양이 있는 패런티즈를 더욱 선호한다. 과장된 억양과 느린 속도, 생동감 있는 말투가 아이의 주의를 쉽게 끈다. 즉, 아이가 부모의 말에 더욱 집중해서 사회적 주의력과 공감능력을 높이는 것이다. 또한 말의 속도가 느리므로 말소리를 더욱 강조해 아이들이 정확한 소리를 듣고 변별할 수 있는 능력이 향상되기도 한다. 단어와 단어 사이를 조금 더 띄어서 문장 패턴 속 어휘를 분절하기 더욱 쉽게 해준다.

예를 들어 "아버지 가방에 들어갔어요."와 "아버지가 방에 들어갔어요."를 뽀미언니의 말투로 따라 해보자. 평소 말투로 하는 것보다 의미 전달이 훨씬 쉬울 것이다. 이렇게 문장 속 어휘를 분절할 수 있는 능력은 아이의 언어발달에 중요한 밑거름이 되어준다. 더 많고 다양한 소리의 옹알이를 촉진해서 더욱 다양한 어휘를 이해하고 사용하도록 돕는다.

신기하게도 언어나 문화와 상관없이 전 세계의 부모들은 본능적으로 아기에게 이러한 말투를 사용한다. 더 나아가 한 연구는 패런티즈가 아이의 언어발달 향상에 도움을 주는 직접적인 방법임을 알려주었을 때, 부모들은 더욱 능동적으로 패런티즈를 사용했으며, 아이의 언어발달에도 더 큰 효과를 거둘 수 있었다고 보고했다. 모르고 사용하는 것과 알고 사용하는 것에도 차이가 있는 것이다.[10]

'유아어'와는 다르다

흔히 아기에게 말을 걸다 보면 "우쭈쭈, 그랬쩌영?", "쭈쭈 먹을까?"와 같이 말하기도 하는데 이것은 아이를 향한 언어라기보다 '아이가 사용하는 언어'다. 유아어의 예로는 '맘마', '빠방', '까까', '멍멍이', '앗뜨(거)', '지지' 등이 있다. 또는 아이의 미숙한 발음으로 인해 변형된 단어를 부모님이 따라서 사용하는 경우도 포함한다. 예를 들어 '아이스크림' 발음이 어려워 '아크'라고 하는 아이의 발음을 따라 부모님도 아이에게 '아크'라고 사용하는 경우가 있다. 이와 같은 유아어는 한 걸음 단계에 있는 어린아이들이 원래 단어보다 사용하기 더 쉬워서 부모님도 덩달아 자주 사용하게 되는 표현이다.

하지만 유아어를 오랜 기간 아이와 계속해서 사용하면 아이의 음운 발달과 어휘 확장에 도움이 되지 않는다. 그뿐만 아니라 가족 외에 다른 사람들은 알아들을 수 없는 표현은 소통에 제한을 주기도 한다. 결국 표준어를 다시 배워야 하는 상황이 되어 아이에게 혼동을 일으킨다. 따라서 유아어보다 원래 단어 그대로의 정확한 발음으로 단어를 모델링해주는 것이 아이가 단어의 정확한 소리를 스스로 터득하고 정확한 어휘를 활용해나가는 데 도움이 된다. 아이의 귀여운 발음에 슬기롭게 반응하는 법을 알려주겠다.

아이: "유."
부모: "우유 줘?"

아이: "빠방."
부모: "빠방이는 자동차야."

아이: "까가."
부모: "사과 먹고 싶어?"

아이: "뿌베."
부모: "블루베리 줄까?"

아이: "멍멍."
부모: "멍멍 하는 강아지네."

단, 이제 막 한 낱말을 표현하기 시작하는 단계에 있는 아이들은 아직 여러 자음이나 모음을 조합해 발음하는 것, 예를 들면 '양말', '과자' 등이 발달적으로 어렵다. 반면 자음과 모음이 반복되는 음절인 '까까', '맘마', '아빠' 등은 더욱 쉽게 발음하고 모방할 수 있다. 발화 초기 단계에 있는 아이들은 유아어 또는 의성어·의태어와 같이 음절이 반복되고 음운적 구조가 단순한 표현을 먼저 습득하는 경향이 있기 때문이다. 그러므로 일부 연구는 발화 초기 단계에 있는 아이들에 한해서는 어느 정도 쉬운 모방을 유도하기 위해 보편화된 유아어인 '맘마', '빠방', '멍멍이', '지지' 등 많은 사람이 일반적으로 사용하는 유아어를 단기적으로 사용할 때 언어 발달에 효과적일 수 있다고도 말한다.[11] 아이의 발화를 유도하기에 훨씬 유리해서다.

중요한 것은 아이가 반복적인 음절 패턴을 벗어나 다양한 소리 조합의 단어들을 발음하기 시작한다면 차차 원래 단어인 '밥', '자동차', '강아지', '더러워' 등으로 수정해주는 것이 좋다. 패런티즈도 마찬가지로 언어 능력이 발달함에 따라 말투와 목소리의 단서 없이도 아이가 문장 속 어휘 및 문법구조, 상황적 맥락 등의 여러 단서를 통해서 충분히 언어를 이해하고 상호작용 하게 되면 차차 줄이는 것이 적절하다.

> **하루1분 말걸기**
>
> ### 패런티즈로 목욕 시간에 생동감 더하기
>
> 아이와 함께 목욕하는 시간에 패런티즈를 활용해보자. 목욕을 준비하고 씻기는 모든 과정을 패런티즈로 묘사해주는 것이다. 먼저 아이에게 부드럽고 따뜻한 말투로 "목욕하자." 하고 욕실로 초대하며 목욕을 준비한다. "물을 틀고.", "아이, 따뜻해.", "첨벙첨벙, 쓱싹쓱싹.", "머리도 감고, 배도 닦고, 팔도 씻고.", "간질간질.", "시원해요." 등등 아이의 행동을 생동감 있게 중계해준다. 아이와 함께 눈을 마주치고 밝은 표정으로 말을 걸면 효과가 더욱 좋다.

> ## 놀이의 가장 신나는
> ## 부분에서 멈춰요

연구에 따르면 생후 7개월 아이에게 양육자가 같은 단어를 자주 반복했을 때, 약 1년 반이 지난 후 더욱 높은 어휘 능력을 나타냈다고 한다.[12] 그만큼 아이에게 같은 표현을 여러 번 반복할수록 아이는 그 표현을 습득할 확률이 더욱 높아진다.

아이들은 예측할 수 있는 것을 아주 좋아한다. 익숙하고 예측 가능한 상황에서 더욱 효과적인 언어 습득이 이루어진다. 예를 들어 수업 시간에 선생님께서 내가 답을 아는 질문을 던졌을 때와 답을 모르는 질문을 던졌을 때를 상상해보자. 어느 쪽이 더 손을 들고 참여할 용기가 생기는가? 당연히 답을 아는 질문을 했을 때다. 아이도 익숙하지 않거나 무슨 말을 해야 하는지, 또는 말할 타이밍인지 확실하지 않고 예측이 잘 안 되는 상황에서 소통에 참여하기 어렵다. 하지만 어느 순간에 어떤 말을 해야 할지를 정확히 알고 있다면, 아이는 더욱 자신 있게 참여할 것이다.

아이들은 같은 표현을 일관적으로 반복하면 상황을 예측할 수 있다. "맘마 먹자."라고 말하는 엄마의 목소리에 익숙해지면 어느 순간 배고파서 울다가도 엄마가 "맘마 먹자."라고 하는 순간 울음이 사그라진다. 흥미롭고 재미있는 것에서 벗어나는 순간 쉽게 관심을 잃는 어린아이에게는 반복의 한계가 분명히 온다. 아이의 흥미와 관심을 조금 더 돋구어주며, 예측 가능한 상호작용을 무한 반복할 수 있는 방법을 알아보자.

우리 아이의 놀이 루틴은?

'놀이 루틴'이란 매번 똑같이 반복하는 놀이를 말한다. 시작과 끝 또는 일정한 순서가 있으며 주로 같거나 비슷한 표현을 반복해 사용한다. 이는 아이와 부모님이 함께할 수 있고 아이가 매우 즐겨하는 상호작용 놀이를 말한다. 흥미를 더해주는 반복적인 놀이 루틴을 통해서 아이에게 오래 상호작용을 지속하는 경험을 쌓아줄 수 있고, 또 아이의 자발적 참여도를 더욱 높일 수 있다.

대표적인 놀이 루틴의 예로는 까꿍 놀이가 있다. 얼굴을 가렸다가 "까꿍!"이라는 말을 하며 얼굴을 드러내는 놀이다. 아이가 그다음 행동과 표현을 쉽게 예측하고 참여하도록 구성되어 있다. 까꿍 놀이는 대상 영속성, 즉 무언가가 눈에 보이지 않더라도 그 대상이 아직 존재한다는 것을 인지하는 능력이 생겨나기 시작하는 시기부터 즐길 수 있다. 아기들은 생후 5~7개월부터 차차 부분적으로 가려진 물건을 탐색할 수 있다. 그래서 가려진 얼굴이 다시 나타나는 것이 신기하고 재미있는 현상인 것이다.

아기가 손을 뻗거나 앉아서 탐색하기 이전인 생후 초기에는 양육자와 얼굴을 마주 보고 하는 단순한 놀이를 할 수 있다. 예를 들면, 입술을 떨며 투레질하기(부우우), 입술 터뜨리기(입술로 립스틱을 다듬는 시늉), 혀 차기(똑딱딱), 혀 내밀기(메롱, 올롤로), 인디언 소리(손바닥으로 벌린 입을 두드리며 '아' 하면 나는 소리) 등이 있다. 그 외에도 말이 트이는 시기에 즐길 수 있는 여러 가지 놀이 루틴들이 있다.

- 까꿍: "없다… 있다!", "○○(이) 까꿍!", "○○(이) 어딨나~ 여기!"
- 간지럽히기: "○○(이)… 간질간질!", "○○(이) 잡았다!"
- 배방구: "(숨을 들이마신 후 입을 아이의 배에 대고) 뿡!"
- 아이의 팔을 두 손가락으로 걸어 올라가기: "올라간다… 올라간다… 잡았다!"
- 북 치기: "북을… 쿵, 쿵, 쿵!"

- 숨바꼭질: "○○(이) 어딨나. 찾았다!"
- 블록 쌓고 무너뜨리기: "높이, 높이, 높이, 쿵! 무너졌다."
- 비행기: "올라간다. 슝!"
- 장난감 가렸다 나타내기: "곰인형 어디 갔지? 여기!"
- 재채기하기: "에, 에, 에… 에취!"
- 미끄럼틀에 올라갔다 내려가기: "올라간다. 올라간다. 슝! 내려왔다."
- 머리에 사물 올렸다 떨어뜨리기: "어어어… 쿵! 떨어졌다."
- 장난감(기차, 공) 상대방에게 굴리기: "간다… 슝! 잡았다!"
- 담요로 만든 그네 타기: "하나, 둘, 셋, 넷, 다섯! 또?"
- 노크하기: "똑똑똑! 누구세요?"
- 노래하기
- 율동하기

이와 같은 보편적인 놀이뿐만 아니라 어떤 상황에서라도 재미있는 소리와 동작을 곁들여 아이만의 특별한 루틴을 만들 수 있다. 18개월에 아직 말이 트이지 않아 나를 찾아온 아이가 있었다. 혼자 노는 것을 좋아하고 옆에 앉아서 말을 걸어도 큰 관심을 보이지 않았다. 그러던 어느 날 아이가 버튼을 누르는 장난감을 가지고 놀고 있었는데, 아이가 무심코 장난감의 버튼을 누를 때 "뿅!" 하고 재미있는 소리를 냈다. 그 순간 아이는 그 소리가 재미

있었는지 내 얼굴을 보며 깔깔 웃기 시작했다. 상호작용을 계속해서 이어가기 위해 같은 행동을 반복하니 아이가 또 웃으며 반응했다. 잇따라 "또…"라고 덧붙이며 아이의 기대감을 올려주었다가 아이가 기대하는 표정으로 얼굴을 쳐다보며 재미있는 소리가 나기를 기다리는 순간 다시 "뿡!" 하고 소리를 내주었다. 그랬더니 이것이 하나의 놀이가 되어 어느새 아이도 함께 "뿡!" 하고 발화하며 적극적으로 놀이에 참여하게 되었다.

이처럼 아이의 성향과 흥미에 따라서도 아이가 즐길 수 있는 놀이가 다르고, 또 아이의 언어발달 단계에 따라서도 아이가 참여하는 방법이 다르다. 발화 전의 아이들은 눈 맞춤과 표정, 팔다리 움직임, 옹알이, 웃음 등으로 소통에 참여할 것이다. 그리고 아이의 언어가 발달하면 한 낱말 뱉기, 낱말 조합하기, 문장으로 말하기 등으로도 아이가 놀이에 참여할 수 있게 된다.

앞서 소개한 다른 전략들과 마찬가지로 아이가 표현언어 단계에서 짧고 간결한 표현 또는 소리를 사용하는 것이 좋다. 그래야 아이가 더욱 쉽게 따라 해볼 수 있기 때문이다. 놀이의 끝에는 "또?", "다시?"라고 물어보자. 아이가 나중에 놀이를 계속하고 싶을 때 사용할 수 있는 표현을 모델링해주는 것이다.

처음 몇 번은 아이의 흥미를 돋구기 위해 재미있게 반복해주다가, 아이가 어느 정도 익숙해지면 루틴의 가장 신나는 부분에서 잠시 멈추고 기다린다. 아이가 알맞은 표현으로 참여할 수 있도록 기회를 주는 것이다.

　아이가 어떤 방식으로든 참여했을 땐 즉각적으로 반응해준다. 그래야 아이가 더욱 자신감을 가지고 다음에 또 표현을 시도할 수 있다. 더 효과적인 상호작용을 위해선 장난감을 사용한 놀이보다는 사람 대 사람으로 하는 놀이로 시작하기를 추천한다. 아이마다 가장 효과적인 놀이 루틴이 다를 것이다. 아이의 성향과 기질, 흥미와 관심사에 따라 다양한 놀이를 하나씩 시도해보며 아이가 가장 좋아하는 루틴을 찾아보길 바란다.

> 하루 1분 말 걸기
>
> **익숙한 노래를 부르다 중간에 멈추기**
>
> 아이와 함께 자주 부르는 노래가 있다면 추천하는 방법이다. 아이가 율동을 따라 하거나 노래를 흥얼거리며 따라 부르는 듯한 모습을 보인다면, 노래를 함께 부르다가 한 구절의 마지막 단어만 남기고 멈추어 보는 것이다. 그리고 아이가 그 단어를 메꾸는지 기다려보는 것이다. "반짝반짝 작은" 하고 멈추면 노래가 익숙한 아이는 "별!" 하고 반응할 것이다. 한 구절의 끝 단어 앞에서 멈추기를 반복하며 노래를 함께 완성해보는 것이다. 이렇게 노래를 주거니 받거니 하며 아이의 발화를 유도해보자.

얼굴을 마주 보고
다양한 표정을 지어요

"'사과' 해야지. 따라 해봐, 사과!"

아직 말이 트이지 않은 15개월 아이에게 어머님은 단어를 따라 해보라고 했다. 아이는 사과로부터 고개를 돌리고 관심을 보이지 않았다. 어머님과 아이의 상호작용을 관찰해보니 어머님은 아이가 단어를 사용하지도 않고 모방조차 하지 않는 것이 초조해 더 열심히 아이에게 단어 모방을 요구하는 모습을 보였다. 장난감 사과를 갖고 싶어 하는 아이의 모습에 어머님은 아이가 말을 따라 할 때까지 반복하며 사과를 주지 않고 기다렸다. 그러자 아이는 엄마를 잠시 쳐다보고 사과를 조금 당겨보다가 결국 장난감 사과에 흥미를 잃었다.

인간은 모방을 통해 언어를 배운다. 아이가 빨갛고 동그란 물체를 보고 "사과."라고 스스로 표현할 수 있으려면 먼저 다른 사람으로부터 그 물체의 이름이 "사과."라는 것을 듣고 따라 하는 과정이 필요하다. 아이가 언어를 스스로 표현할 수 있기 이전에 먼저 언어를 듣고 모방하는 능력이 필요한 것이다.

다른 사람을 모방하는 능력은 아주 이른 시기부터 나타난다. 생후 2개월이 된 아기도 부모가 웃는 표정을 지으면 따라 웃기도 하고, 또 혀를 내밀면 따라서 혀를 내미는 등 표정을 모방한다. 상대방의 움직임을 시각적으로 관찰하는 것만으로 두뇌에서는 마치 직접 움직이는 것과 같은 운동피질, 즉 거울신경체계mirror neuron system가 활성화되기 때문이다. 아이의 혀를 물리적으로 당기지 않아도 아이는 부모의 모습을 보고 똑같이 따라 할 수 있는 태생적 능력이 있다. 물론 모든 신생아가 부모의 표정과 입 모양을 매번 따라 하는 것은 아니니, 그렇지 않다고 해서 일찍부터 고민에 빠질 필요는 없다. 하지만 아이와 자주 얼굴을 마주 보며 다양한 표정을 보여줄수록 아이의 신경계가 자극되는 것은 확실하다.

아이가 신체적으로 발달하고, 차차 자신의 몸을 스스로 조절할 수 있으면 큰 근육을 사용해 다양한 행동을 의도적으로 모방한다. 스스로 앉을 수 있게 된 아이에게 장난감을 흔드는 모습을 보여주면, 아이도 장난감을 열심히 흔든다. 장난감을 통 안에 넣는 모습을 관찰하며 스스로 시도하기도 하고, 또 부모가 박수 치는 모습을 보며 두 손을 마주치려고 노력하기도 한다. 그것이 점점 정교화되어 작은 근육을 사용한 손짓, 소리와 언어의 모방으로 이어진다.

언어의 모방은 가장 마지막이다

어른은 '사과'라는 짧은 단어를 따라 하는 것이 단순하게 느껴지겠지만 아이에게는 고도의 협응이 필요한 일이다. 말하는 데 사용되는 근육은 약 45가지가 있다고 할 정도로 많고, 그만큼 섬세한 움직임을 인식하고 조절할 수 있어야 한다. 이는 쉽게 이루어지지 않으며 많은 기회와 경험이 필요하다. 모방의 단계는 다음과 같다.

표정 → 행동(장난감 흔들기, 두드리기 등) → 제스처(손짓, 인사, 박수, 잼잼 등) → 쉬운 소리(모음 '아', '오', '우', '마마', '빠빠') → 단어('고기', '양말') → 문장("물 주세요.")

모방은 다른 사람의 행동에 관심을 가져야 가능하다. 아이는 다른 사람의 행동을 관찰하고 그 행동을 모방함으로써 새로운 행동을 학습한다. 특히 자신이 애착을 느끼는 사람의 행동을 모방한다. 먹여주고 재워주고 생존에 도움을 주며 기분 좋게 해주는 믿을 만한 사람에게 관심을 갖는 것이다. 아이는 모방이라는 도구를 통해 자신의 필요와 욕구를 채워주는 행동과 소리를 따라 하며 연습한다. 많은 연습 끝에 스스로 의미 있는 언어를 사용하여 필요와 욕구를 채우는 것이다.

언어 모방이 이루어지기까지 아이들에게는 체계적인 단계와 수많은 경험이 필요하다. "따라 해봐. 사과."라는 지시를 통해 모방을 유도하는 방법은 물리적인 보상을 얻어내는 훈련이 될 수는 있다. 하지만 이는 아이가 소통의 주체가 되어 스스로 단어를 표현하는 것이 아니다. 성공적으로 따라야만 원하는 것을 얻을 수 있다는 압박이 형성되기 때문에 오히려 적극적이고 능동적인 소통의 개시를 방해할 수 있다.

아이가 부모를 모방하려면, 먼저 부모가 아이를 모방해야 한다. 자신의 행동을 모방하는 부모의 모습을 보며 아이는 자신의 관심사에 상대방이 함께 집중하고 있다고 느낀다. 그리고 서로 함께 집중하고 있다는 인지가 생길 때 상대방과 같은 행동을 주고받을 수 있다. '어? 아빠가 나의 행동을 똑같이 따라 하네? 나도 다시 한 번 해볼까?' 하며 반응한다.

아이가 스스로 몸의 근육을 조절하여 의도적으로 행동하려면 사회적인 동기부여가 필요하다. 아직은 세상을 이해하는 범위가 넓지 않기 때문에 오로지 자신의 필요와 욕구에 따라 행동한다. 따라서 현재 아이의 맥락에서 벗어난 새로운 행동보다 아이가 지금 하고 있는 것을 먼저 따라 하는 것이 아이의 흥미를 유발하고 모방을 유도하기에 효과적이다.

> **하루 1분 말걸기**
>
> **아이와 똑같은 장난감 가지고 모방하기**
>
> 아이의 행동을 모방하기에 가장 좋은 시간은 자유 놀이를 할 때다. 아이가 가지고 노는 장난감과 똑같은 장난감을 함께 가지고 놀며 아이의 행동을 그대로 따라 하는 것이다. 하나의 장난감이라면 함께 놀이에 참여하여 아이가 한 행동을 따라 한다. 북을 치거나 버튼을 누르거나 공을 함께 던진다. 피스가 여러 개 있는 장난감이면 더 좋다. 만약 아이가 두 손으로 블록을 툭툭 친다면 다른 블록을 두 손에 쥐고 똑같이 툭툭 친다. 만약 탑 쌓기를 한다면 아이가 장난감을 하나 올린 후 부모도 같은 장난감을 위에 얹는다. 그 순간 아이는 자신의 행동을 똑같이 따라 하는 부모의 행동에 관심을 갖고 다시 행동을 반복하는 때가 있다. 그렇다면 다시 한번 반복하고 또 반복하며 상호작용을 주고받고 모방 능력을 향상시켜줄 수 있다.

> ### 아이가 가장 좋아하는 것을
> ### 눈앞에 놓아봐요

　아이들은 첫 발화 이전에 먼저 제스처로 자신의 의사를 표현한다. 제스처란 아이들이 사용하는 다양한 손짓과 몸짓을 말한다. 발화 전이나 발화 초기의 제스처 사용은 향후 언어발달을 예측하고 촉진하는 강력한 요인이다. 다양한 제스처를 모방하고 사용하는 아이일수록 이후 언어발달이 더 원활히 이루어질 확률이 높다.

　인사하기, 박수, 고개 끄덕이기, 뽀뽀, 만세, 하이파이브, 잼잼, 하트, 예쁜 짓 등과 같이 특정 대상이나 행동을 상징적으로 표현하는 표상적 몸짓과 손 뻗기, 포인팅, 보여주기, 건네주기와 같은 지시적 몸짓이 있다. 그중에서도 지시적 몸짓은 발달에 더욱 중요한 지표다. 지시적 몸짓이란 어떠한 사물이나 장소, 사건 등으로 타인의 집중을 돌리기 위한 목적 있는 제스처다. 단순한 모방에서 나아가 상대방의 생각이나 행동에 영향을 끼치는 더욱 큰 사회적 의미를 담고 있어서 언어발달과 밀접한 관계를 이룬다. 그러면 이러한 제스처를 더욱 강화할 수 있는 방법은 무엇일까?

손을 뻗도록 환경을 세팅한다

아기들이 원하는 것을 잡기 위해 손을 뻗는 것과 누군가에게 원하는 것을 요구하거나 보여주기 위해 손을 뻗는 것에는 차이가 있다. 원하는 것을 손에 넣기 위해 사물을 향해 손을 뻗는 행동은 4개월쯤부터 나타난다. 하지만 아이가 "저게 갖고 싶어요!", "저것 좀 보세요!"라는 의도로 손을 쥐었다 폈다 하고, 옹알이하며, 상대방을 번갈아 보기도 하는 손 뻗기는 9~13개월쯤 나타난다. 아이들이 조금 더 의도적으로 제스처를 사용하는 중요한 단계 중 하나인데, 많은 부모님이 놓치고 지나가기 쉬운 부분이기도 하다.

아이 앞에 좋아하는 음식 놓기

아이가 하이체어 또는 식탁 의자에 앉아 있을 때 과일이나 간식, 물, 우유 등 아이가 좋아하는 음식을 식탁에 놓으면 아이들이 자연스럽게 원하는 음식을 향해 손을 뻗는다. 그리고 아이가 손을 뻗는 순간 아이의 제스처에 성심껏 반응해줄 때 아이에게 아주 좋은 강화제가 된다. 아직 제스처가 어려운 아이라면 소량의 음식을 먼저 덜어준 뒤 조금 더 가까운 곳에 놔두고 아이가 더 먹고 싶을 때 쉽게 손을 뻗어 표현하도록 도와주는 것이 좋다.

아이가 가장 좋아하는 것 찾아보기

말이 트이기 전의 아이들과 수업할 때 꼭 하는 것이 있다. 아이가 가장 좋아하는 것들을 찾는 과정이다. 아이가 좋아하는 음식이나 간식, 장난감, 물건 등을 준비한다. 그리고 그것들을 전략적으로 배치하는 계획을 세운다. 눈에 보이지만 손이 닿지 않는 선반이나 식탁 위, 뚜껑이 있는 상자, 안이 보이는 지퍼백에 아이가 좋아할 만한 장난감을 몇 가지 넣어놓는다. 아이가 원하는 것을 부모님에게 제스처 또는 다른 방식으로 능동적으로 표현할 기회를 주는 것이다.

이때 부모님은 아이가 원하는 것이 무엇인지 전혀 모르는 듯한 연기를 하는 것이 중요하다. "뭐 줄까?", "어떤 거?"라고 반응하며 되묻는다. 아이에게 조금 더 확실한 소통의 기회를 주는 것이다. 아이가 울고불고 짜증 내기 시작할 때까지 원하는 것을 안 주고 기다리는 것은 아이에게 소통에 대한 스트레스와 부정적인 감정을 남기기가 쉽다. 대략 3~5초, 길게는 10초 정도까지 아이가 조금만 더 소통을 시도해볼 수 있을 만큼 시간을 준 뒤 사물을 건네주는 것이 좋다.

아이가 보는 것을 포인팅한다

아이들은 돌 전후로 포인팅을 사용한다. 처음에는 손가락을 다 펴고 가리키기 시작하다가 약 3개월 후에는 주먹을 쥔 상태에서 검지로만 포인팅하여 사물을 가리킨다. 그리고 아이가 말이 트이고 단어를 조합하여 표현할 수 있는 단계에 이르면 활발히 포인팅을 사용한다. 관심사를 나타냄과 동시에 발달에 필요한 표현을 부모에게 알려주는 것이다. 마치 부모님에게 "이거요. 이거! 저 이 단어를 모르니 알려주세요!"라고 표현하는 것과 같다.

발화 전에는 포인팅을 통해 추후 사용하게 될 단어들을 표현하고, 한 낱말로 표현하는 시기에는 포인팅을 통해 추후 단어를 조합하기 위해 필요한 단어들을 표현하고 구축하는 것이다. 실제로 아이들이 포인팅하는 능력은 아이의 추후 언어발달과도 밀접한 상관관계를 이룬다는 것이 증명되었다.[13] 그렇다면 아이의 포인팅을 어떻게 지지해줄 수 있을까?

가족사진에서 엄마의 얼굴 가리키기

아이가 관심 갖는 물건, 길 가다가 보이는 것, 벽에 있는 사진, 책에 있는 그림 등에 수시로 포인팅해보자. 간식을 주면서 음식을 포인팅하고, 아이가 손을 뻗거나 쳐다보는 장난감을 가져다주면서 포인팅하고, 책, 그림, 사진, 병풍 등을 함께 보며 포인팅하고,

눈앞에 보이는 사람, 사물, 거울 속 모습 등 아이의 시선이 따라갈 수 있는 것들을 명명하면서 포인팅한다.

아이들은 스스로 포인팅할 수 있기 이전에 먼저 타인의 포인팅을 따라 주의를 돌릴 수 있어야 한다. 아빠가 벽에 걸려 있는 가족사진에서 엄마의 얼굴을 가리키면 아이는 다른 곳을 보고 있다가도 엄마의 얼굴 쪽으로 시선을 돌릴 수 있어야 한다. 처음에는 아주 가까운 사물부터 가리키기 시작해서 점점 멀리 있는 것까지 아이의 시선이 따라올 수 있도록 유도한다.

책 읽을 때 다양한 제스처 사용하기

아이와 함께 그림책을 읽는 것의 가장 큰 장점은 언어 표현과 매칭되는 그림이 있다는 것이다. 그림을 보며 많은 단서를 얻고 맥락을 파악할 수 있기에 언어발달에 효과적이고 유익하다. 포인팅은 그 효과를 극대화하는 역할을 한다. 말로만 들으며 무엇을 말하는지 끊임없이 유추하게 유도하는 것보다 그림을 직접 가리키는 것이 더 정확한 단서와 맥락을 제공할 수 있다.

그림을 묘사하는 동작을 만들어 보여줄 수도 있다. 원숭이 그림을 가리키며 원숭이 흉내를 내고, 동그라미 모양의 그림을 보며 손으로 직접 동그라미를 그려본다. 슬픈 표정의 그림을 가리키며 함께 우는 시늉을 하거나 높은 곳에 올라가는 캐릭터를 보며 손을 번쩍 들고 올라가는 시늉을 하는 등 그림 속 감정이나 동작을 함게 흉내 낼 수도 있다.

　책을 똑똑 두드리거나 그림에 있는 친구에게 "안녕?" 하고 인사하고, 또 자동차를 타고 가는 장면에서 마치 책이 자동차가 된 듯 흔들고 움직이고 경적을 울리는 등 이야기 속 사람과 사물의 생동감을 살려주는 동작을 해보자. 아이와 함께 책을 읽으며 다양한 제스처를 해보면 아이의 집중과 참여도가 높아진다. 자연스럽게 책을 사랑하는 아이로 자랄 것이다.

아이의 신호에
5초 안에 반응해요

연구에 따르면 옹알이가 늦은 아이들은 나중 어휘력이나 언어 습득에도 지연이 있을 가능성이 높다. 따라서 아기들이 내는 다양한 옹알이 소리를 유심히 듣고 지켜보는 것이 좋다. 대개 10개월 정도가 되어서도 아이가 옹알이 소리를 내지 않는다면 아이의 전반적인 언어발달을 점검해보아야 한다.

대화의 개념이 옹알이에서 잡힌다고?

학자들은 아기의 옹알이를 보면 그 아이의 나중 언어발달을 예측할 수 있다고 말한다. 또한 양육자가 아이의 옹알이에 더 민감히 반응할수록 아이의 말이 더 빨리 트일 수 있다고 한다.[14] 아이가 다양한 소리를 내려면 다양한 소리를 듣는 것이 중요하다. 아이들은 다른 어떤 소리보다도 자신을 향한 부모의 언어에 더욱 귀를 기울인다. 즉, 아이에게 자주 말을 걸어주는 것이 아이가 옹알이를 잘할 수 있게 도와주는 방법이다.

아이의 옹알이에 약 5초 이내에 반응하는 것은 생각보다 중요하다. 어른들은 영아의 옹알이를 알아들을 수도 없고, 그저 아이가 탐색하고 있는 것이려니 생각하여 바로바로 응답해주지 않는 경우가 많다. 기저귀를 가느라, 설거지하느라, 딱히 뭐라고 반응할지 몰라 그냥 지나치게 된다. 그런데 연구에 의하면 부모가 아이의 신호에 5초 안에 반응할 때, 더 천천히 반응하는 경우와 비교하여 아이들의 언어발달이 빠르다고 한다.[15] 또 다른 연구는 부모가 아이의 표현에 더 빨리 반응할수록 아이가 구사하는 어휘 개수가 더 많다고 한다.[16] 아이들은 자신이 표현한 것에 대한 반응을 즉각적으로 얻을 때, 부모의 언어적 인풋과 자신의 의사 표현을 연결 지어 습득할 수 있기 때문이다.

아이에게 말을 걸 때는 중간중간 멈추어 기다리는 시간도 중요하다. 소통이란 주고받는 것이라는 개념을 가르쳐줄 수 있기 때문이다. 아이에게 한마디 말을 건넨 뒤에는 길지 않더라도 3~5초 잠시 멈추어 아이와 눈을 마주치며 아이가 옹알이로 참여할 기회를 주는 것이다. 아이가 옹알이로 답변했을 때에는 다시 반응해주며 옹알이 대화를 최대한 이어가보자. 아이는 자연스레 '대화'의 개념을 배워나갈 수가 있다.

물론 아이의 모든 옹알이 소리에 반응해줄 수는 없어도 조금이라도 아이의 소리에 더 귀 기울여 자주 반응하려는 노력이 필요하다. 이를 통해 아이는 자신의 표현에 대한 영향력을 배우고, 또 의사소통의 경험을 쌓아갈 수 있다. 더불어 앞서 언급한 눈 맞춤, 환한 표정, 스킨십, 패런티즈 등은 그 효과를 더욱 높여준다.

옹알이에 어떻게 반응해야 할까?

아이가 옹알이 소리를 내면 막상 뭐라고 반응해야 할지 고민하는 부모님들이 많다. 어떤 표현이든 아이의 옹알이에 반응하는 것만으로 이미 좋은 자극이 된다. 하지만 효과적인 자극을 위해 아이의 옹알이를 확장하는 방법을 소개하겠다.

2가지 상황으로 나눌 수 있다. 아이의 옹알이 의도가 명확하지 않을 때와 옹알이 의도가 명확할 때다. 신생아들은 타인에게 의도를 전달하는 것이 미숙하기에 의도가 명확하지 않을 때가 더 많다. 아이의 의도가 명확하지 않은 옹알이, 즉 의사를 표현하려고 하는 것보다는 소리를 탐색하는 옹알이에는 다음과 같이 반응해줄 수 있다. 아이가 "아바바바." 하고 옹알이한다고 가정하자.

1. 부모님이 "아바바바." 하며 소리를 똑같이 '모방'한다.

   2. 부모님이 "아마마마." 하며 비슷하지만 조금 다른 소리로 옹알이를 '확장'한다.

   3. 부모님이 "칙칙폭폭 기차, 기차야?"라고 상황에 알맞은 짧은 표현을 말해 '모델링'한다.

반면 옹알이를 통해 아이가 표현하고자 하는 바가 있는 듯 보일 때는 아이의 의도를 짧게 모델링해주면 된다. 예를 들어 아이가 장난감 기차를 향해 손을 뻗으며 "아바바바." 하고 옹알이한다면 "기차 줘? 기차 갖고 싶어?"라고 반응한다.

기저귀를 갈며 옹알이 주고받기

옹알이를 가장 풍성하게 주고받을 수 있는 일상 루틴 중 하나는 기저귀를 가는 시간이다. 얼굴을 마주 보고 눈을 마주치며 스킨십하고 옹알이를 주고받기 좋은 포지션이다. 장난감이나 음식 등 다른 집중할 요소가 없이도 온전히 사회적인 상호작용을 주고받을 수 있다.

먼저 아이에게 노래를 불러주거나 재미있는 소리(투레질, 혀 차기, 인디언 소리)를 내며 아이의 집중과 옹알이를 유도해도 좋다. 또 아이와 눈을 마주치며 뽀뽀, 배방구, 마사지 등 스킨십을 시도해보거나 "○○(이)가 똥 쌌어요.", "기저귀 갈자.", "아이 시원해!" 등 단순히 말을 걸어주면 아이의 옹알이를 유도하기에 좋다. 중간중간 3~5초만 멈추어 아이가 옹알이로 소통에 참여할 기회를 열어주는 것도 잊지 말자.

재미있는 소리를 많이 들려줘요

아이가 말을 곧잘 알아듣는가? 다양한 옹알이 소리도 내는가? 눈을 잘 마주치고 웃는가? 따라 할 만한 단어를 모델링해줘도 모방이 잘 이루어지지 않는 아이들에게 처방하는 특급 전략이 있다. 재미있는 소리를 통해 소리의 모방을 유도하는 것이다.

흔히 말이 트이기 전후 아이들에게 의성어·의태어를 많이 사용하는 것이 좋다고 알려져 있다. 실제로 의성어·의태어는 단어가 지시하는 실재에 더 가까운 소리이기에 아이들이 이해하고 따라 하기 쉽다. 더불어 "멍멍", "붕붕" 등 반복되는 음절이 옹알이와 비슷해 아이들이 발음하기 쉬운 운율구조를 가졌다. 대부분 'ㅇ', 'ㅁ', 'ㅂ', 'ㅃ', 'ㄴ' 등 아기들이 제일 처음 사용하기 시작하는 소리로 이루어져 있어서다.

연구에 의하면 의성어·의태어는 전 세계 다양한 언어들을 조사했을 때, 일반적으로 아기들이 처음 말하기 시작하는 단어 중에서 20~40%를 차지하고 있다.[17] 그렇기에 아이들의 첫 발화를 유도하는 단계에서 사용하기에 효과적이다. 의성어·의태어는 아이가 사물이나 동작을 관심 있게 쳐다보기 시작하는 때부터 언제든지 부담 없이 사용할 수 있다.

특히 말이 트이기 전에는 생활 속에서 수시로 의성어·의태어를 사용하는 것을 추천한다. 식사하며 '냠냠', '꿀꺽꿀꺽', 목욕하며 '첨벙첨벙', 식탁을 닦으며 '쓱싹쓱싹', 이를 닦으며 '치카치카', 춤추는 아이를 보며 '흔들흔들', 딸랑이를 흔드는 아이에게 '딸랑딸랑', 산책하며 바람에 흔들리는 꽃이나 나무를 보며 '살랑살랑' 등 생활 곳곳에서 사용할 수 있다. 일상에서 자주 쓰는 의성어·의태어를 소개한다.

깡충깡충, 꼬끼오, 꽥꽥, 꿀꺽, 꿀꿀, 나풀나풀, 냠냠, 덜컹덜컹, 동글동글, 둥둥, 뒤뚱뒤뚱, 따르릉, 딸랑딸랑, 똑똑, 뚝딱뚝딱, 떼굴떼굴, 멍멍, 미끌미끌, 반짝반짝, 보글보글/부글부글, 부릉부릉, 빙글빙글, 빵빵, 뽕, 뿌우, 뿡, 삐뽀삐뽀/삐용삐용, 삐약삐약, 슝, 쌩쌩, 쑥쑥, 쓱싹쓱싹, 쏴아, 야옹, 어흥, 우끼끼, 음메, 응애응애, 쨍쨍, 찍찍, 첨벙첨벙, 치카치카, 칙칙폭폭, 코, 콜록콜록, 쿵, 쿵쾅쿵쾅, 팔랑팔랑, 흔들흔들

어려워한다면 감탄사부터 시작한다

아이가 의성어·의태어 모방을 어려워한다면, 아이에게 재미있는 소리나 감탄사 등을 사용해보는 것을 추천한다. 다음과 같은 감탄사는 주로 짧고 임팩트 있는 표현들이기에 아이들의 주의와 관심을 쉽게 돌릴 수 있다.

아야, 아이쿠, 야호, 어머/어머나, 에취, 영차, 오잉, 우와(멋지다/해냈다), 우웩, 으쌰, 쉿, 호

일반 단어들보다 억양이나 톤이 더 강조되는 경향이 있어 아이가 더 관심을 갖고 듣는다. 보통 간단한 액션과 함께 낼 수 있는 소리여서 아이들과 주고받는 상호작용 놀이로 이어가기 쉽다. 그렇다면 감탄사는 어떻게 사용하면 좋을까?

- 재미있는 동작과 함께 사용한다. 그러면 아이도 더 흥미를 느끼며 참여해 행동과 소리의 모방을 유도하기 더 좋다. 예를 들어 역도하듯이 두 손으로 바벨을 들어올리는 동작과 함께 "으쌰."라고 한다.
- 액션을 더한다. 재미있는 표정과 몸짓, 손짓 등을 동원해 재미있게 표현하면 아이가 더 좋아한다. 예를 들어 입을 크게 벌

리며 "어머나." 하고 놀란다.
- 여러 번 반복한다. 아이가 흥미를 느끼는 선에서 최대한 여러 번 반복해서 아이도 참여할 수 있는 재미있는 상호작용 놀이로 만든다.
- 말하고, 멈추고, 기다린다. 앞서 소개한 놀이 루틴과 마찬가지로 처음 여러 번은 모델링해준다. 아이가 단어에 익숙해지면 단어를 말한 뒤 잠시 멈추어 아이가 참여할 기회를 열어둔다.

설사 아이가 소리를 아직 따라 하지 않아도 재미있는 상호작용만으로 언어발달에 충분히 도움을 줄 수 있으니 아이와 함께 즐거운 시간을 보내자.

> 하루 1분
> 말걸기

단어의 억양을 강조하기

"노래하는 듯한 목소리로 말해주세요!" 말이 느린 아이들과 수업할 때 부모님들께 꼭 한 번씩 강조하는 말이다. 노래하듯 말에 멜로디나 억양을 넣어주라는 이야기다. 어떤 단어도 재미있는 소리로 만들 수 있다.

예를 들어 '숟가락'이라는 단어를 말할 때 '레솔~미~'라는 음을 넣어서 멜로디처럼 말하는 것이다. 이런 방법은 단어의 음절 하나하나를 더욱 강조하여 들려주어 아이가 더 정확히 발음할 수 있도록 돕는다. 발화 전만이 아니라 말이 트이고 나서 아이가 점점 더 음절이 많은 긴 단어를 발음할 때도 효과적이다. '동그라미'는 '레레솔~미~', '아보카도'는 '레미솔~미~', '블루베리'는 '레레솔~미~' 등 부모님이 원하는 음으로 멜로디를 넣어 재밌게 말해주면 아이들의 언어발달이 촉진된다.

아이의 제스처를 통역해서 말해줘요

아직 말이 트이지 않은 아이와 부모님에게 언어치료 수업을 할 때였다. 아이가 좋아하는 음식을 아이의 손이 닿지 않는 곳에 놔두고 아이가 먼저 요구할 수 있도록 전략을 짰다. 그동안 아이가 신호를 보낼 겨를도 없이 아이의 필요를 채워줬던 부모님은 수업을 통해 아이가 신호를 보낼 기회를 제공하고 기다려주는 법을 배웠다. 아이도 자신의 의사를 손짓으로 표현하는 빈도수가 늘고 옹알이도 더 많이 하게 되었다. 그것만으로 많은 진전이었지만 아직 부족한 점이 하나 있었다.

아이가 사물을 향해 손을 뻗어 의사를 표시했을 때 부모님의 반응이었다. 손짓으로 의사를 표현한 아이가 기특한 엄마는 "옳지! 자, 여기." 하고 반응했다. 물론 아이의 표현에 즉각적이고 긍정적인 반응을 해준 것은 유익하다. 그런데 더 나아가 아이의 제스처를 통역한 표현을 들려주면 좋다. "응.", "이거.", "여기.", "자!" 등과 같이 정확한 명시 없이 모호한 표현보다 "물 줘?", "딸기 줘?"와 같이 아이의 동작을 정확히 묘사하는 표현을 말이다.

의사 표현에 대한 확신을 얻는다

아이들은 부모의 일관된 반응을 통해 자신의 제스처가 효과적인 소통법이라는 것을 깨닫는다. 이때 소통의 원리를 배울 수 있다. 다섯 번을 포인팅했지만 두 번의 반응을 얻은 아이와, 다섯 번 중 네댓 번의 반응을 얻은 아이는 그만큼 표현에 대한 확신과 소통의 효과에 대한 이해도가 다를 것이다.

아이들이 제스처로 나타내는 의도는 2가지다. 원하는 사물이나 행동을 요구하거나, 자신의 흥미와 관심사를 상대방과 공유하려는 것이다. 아이가 손가락으로 가리키는 포인팅, 사물을 향해 손을 뻗기, 무언가를 들거나 앞으로 내세워서 보여주기, 사물을 상대방에게 건네거나 상대방의 손을 이끌어 보여주기 등 다양한 제스처를 유심히 살펴보고 아이의 의도를 아이 대신 직접 표현하면 좋다.

- 아이가 책에 있는 코끼리 그림을 가리키면 부모님이 "코끼리야."라고 통역한다.(관심 공유)
- 아이가 부모님이 들고 있는 간식을 향해 손을 뻗으면 부모님이 "까까 줘."라고 통역한다.(사물 요구)
- 아이가 신발을 들고 부모님에게 보여주면 "아빠 신발."이라고 통역한다.(관심 공유)
- 아이가 부모님에게 블록 장난감을 건네주면 부모님이 "블록 쌓아줘."라고 통역한다.(행동 요구)

아이가 사물을 요구한다면 사물의 정확한 이름을 들려준다. 특정 행동을 요구한다면 행동을 묘사하는 동사를 들려줄 수 있다. 아이가 자신의 관심사를 공유하고자 하는 의도로 제스처를 취한다면 아이가 보여주고자 하는 것을 알맞게 들려줄 수도 있다. 아이의 의도를 되묻는 게 아니라 말 그대로 '통역'하는 것이기 때문에 길고 장황하게 이야기할 필요가 없다. 한 단어 또는 두세 단어의 표현이면 충분하다.

특히나 아이가 관심을 공유할 때는 반복적으로 여러 번 표현할 때가 많다. 표현을 안 한 아이는 있어도 한 번 표현하는 아이는 없다. 그럴 땐 아이가 반복하는 만큼 꾸준히 반응해주는 것이 좋다. 아이들은 반복을 통해 새로운 개념에 대한 이해를 쌓아간다. 반복의 시간이 많이 필요한 아이도 있고 적게 필요한 아이도 있다. 자꾸 이야기해줘도 계속 똑같은 말을 무한 반복하는 것이 어른에게는 이해되지 않을 때도 있다. 하지만 이는 아이가 일관된 반응을 통해 확신을 얻어가는 과정이다. 그 과정을 지지해주는 것이 부모의 역할이다. 아이가 지치기 전에 부모가 먼저 지치지 말자.

학습 동기가 가장 높을 때다

아이의 제스처를 통역해서 말해주면 아이는 발달적으로 적합한 표현을 습득한다. 앞서 언급했듯이 아이들이 제스처로 표현하는 단어는 아이가 습득하게 될 단어다. 지나가다 '새'를 가리키며 부모에게 관심을 공유하는 아이는 새가 너무 신기하고 재미있지만, 아직 '새'라는 단어를 모르기에 그것을 제스처로 표현한다. 관심도 있고 배울 준비는 되어 있다. 그때 "새! 새네."와 같이 아이가 하고자 하는 말을 통역하여 들려준다면 아이는 그것을 바로 흡수할 수 있다. 현재 아이에게 동기가 가장 높은 표현이기에 다른 어떤 표현보다도 습득력이 폭발한다.

어른들끼리 대화할 때와 비슷하다. 단답형으로 "어.", "그래," "응, 자!"와 같이 대답하는 사람과는 긴 대화가 이루어지기 어렵다. 하지만 내가 던진 말과 관련된 더 자세하고 구체적인 대답을 해주는 사람과는 긴 대화를 주고받을 수 있게 된다. '이 사람이 나의 말을 잘 들어주고 있구나.'라는 느낌을 받는다. 아이들도 마찬가지다. 아이가 물을 향해 손을 뻗을 때 부모가 "어, 자."라고 반응했을 때 아이는 원하는 것을 얻으면, 더는 상호작용을 이어갈 요소가 없기에 흐름이 끊긴다. 하지만 더 구체적인 대답을 제공할 때 아이는 모방을 시도하고 부모에게 다시 한번 같은 제스처를 반복하거나 관심을 공유하고자 하는 노력을 시도한다.

> 하루 1분 말걸기

제스처 체크리스트

아이의 제스처를 효과적으로 통역해주기 위해 다음의 체크리스트를 활용하자. 냉장고에 붙여놓고 수시로 체크하면서 아이가 사용했던 제스처를 떠올려보자. 그러다 보면 아이의 사소한 제스처도 캐치하여 알맞게 통역하는 훈련이 된다.

날짜	아이가 사용한 제스처	통역한 부모님의 반응
	공을 보여줌	"공이야."
	물을 향해 손을 뻗음	"물! 물 줘!"
	애착 인형 포인팅하기	"인형 줘."

아이 일상의 브이로거가 되어봐요

얼마 전 마트에서 장을 보다가 꽃 앞에서 아이와 함께 서 있는 엄마의 모습이 눈에 띄었다. 카트에 앉아 있는 약 두 돌쯤 되어 보이는 아이와 얼굴을 마주 보고 꽃을 가리키며 대화하고 있었다. "Wow, Look at all the flowers! So colorful(우와, 꽃 좀 봐! 알록달록하네)."

그리고 나서 꽃 한 다발을 꺼내서 아이의 얼굴 가까이에 가져다주며 냄새를 맡게 해주었다. 아이의 엄마가 "Does it smell good(향기 좋아)?"이라고 물으니 아이는 빙그레 웃으며 "Yea, Smells good(응, 향기 좋아)!"이라고 답했다. 지극히 일상적이어서 그냥 지나칠 수도 있는 상황에 아이의 경험을 언어로 풍성히 꾸며주는 엄마의 모습이 참 인상 깊었다.

바쁜 아침의 등교 준비나 저녁 취침 준비 때 옷을 갈아입는 시간에 많은 부모들은 육아의 다음 단계로 빨리 넘어가기 위해 급하게 넘겨버릴 때가 많다. 하지만 이러한 일상의 경험 속 언어자극과 상호작용의 효과는 무엇보다도 탁월하다. 기본적인 일상 어휘를 통해 표현의 풍부함과 정교함을 키워줄 수 있어서다.

보고 만지고 느껴야 말이 트인다

아이들은 경험을 통해 세상을 배워간다. 경험이란 직접 보고 만지고 느끼고 체험하는 것이다. 언어도 마찬가지다. 충분히 쌓인 경험 위에 언어가 습득된다.

아이가 '바나나'라는 표현을 직접 사용할 수 있으려면 '바나나'라는 단어를 먼저 이해해야 한다. 길쭉하고 노란 모양의 물체를 직접 보거나 그림 등을 통해 수차례 접하며 동시에 '바나나'라는 표현을 함께 듣는 경험이 쌓여야 한다. 직접 만지고 먹어보고 맛과 촉감을 느껴봐야 바나나라는 물체의 기능과 구성, 종류 등 단어에 대한 이해가 점점 더 깊고 확고해진다. 아이들은 말이 트이기 전부터 언어의 이해를 통해 이미 어휘력의 기반을 쌓기 시작한다.

아이가 매일 경험하는 세상이 아이가 이해하는 세상이다. 가족과 함께하는 일상에서 최대한 아이가 생활에 참여할 수 있는 경험을 만들어줄수록 아이가 풍부한 언어를 배워갈 수 있다. 아이는 간식을 준비하며 원하는 것을 직접 꺼내는 경험, 엘리베이터 버튼을 눌러보는 경험, 쓰레기를 직접 버리는 경험 등 매사에 수시로 직접 경험해야 한다.

매일 반복되는 루틴 속에 언어 얹기

아이의 언어발달을 위해서 부모는 '스포츠 캐스터'와 같은 역할을 하라는 말이 있다. 그만큼 아이의 행동과 경험을 수시로 말로 묘사하고 표현하라는 것이다. 여기서 이제 말수가 적은 부모님들은 불편함을 느끼신다. 육아하는 것만으로 많은 에너지를 쓰는데 쉬지 않고 아이에게 말을 걸라니 생각만 해도 지친다고 생각되는 것이다.

아이의 모든 행동과 경험을 시시콜콜 다 중계하려면 물론 어렵다. 과한 언어자극은 오히려 아이의 집중력을 깨뜨리고 의미 있는 표현을 가려내기 어렵게 하여 언어 습득에 방해된다. 아이가 매일 반복하는 작은 루틴에서 시작해도 충분히 효과를 볼 수 있다. 또는 일상의 루틴 몇 가지 속에서 딱 한마디만 더해줘도 좋다. 같은 말을 여러 번 반복하면 아이가 표현을 이해하고 습득하는 데 더 유리하다.

일상 루틴	말 걸기
문을 여닫을 때	"문을 열어요.", "문을 닫아요."
방불을 켜고 끌 때	"불을 켜요.", "불을 꺼요."
식사 시간	"밥 먹자!", "앉아요.", "음, 맛있다."
옷 갈아입을 때	"발 어딨지? 뿅! 발 찾았다."
기저귀 갈 때	"기저귀 갈자."
목욕할 때	"쓱쓱싹싹, 배도 씻고 팔도 씻고 얼굴도 씻어요."
외출할 때	"신발을 신어요."
등하원할 때	"저기에 나무가 있어!", "자동차 보인다."
장 볼 때	"바나나 있네.", "와, 꽃 봐봐!"

아이가 하나의 경험이나 상황에서 한 가지만 배워도 큰 성과다. 한 번 듣고 배운다고 완전히 배운 것이 아니다. 여러 차례 반복해야 온전한 학습이 이루어지는 것이 언어 습득 과정이다. 아이가 한창 방문을 여닫는다거나 불을 껐다 켜는 데 관심이 있다면 아이에게 현재 가장 두드러지는 경험에 집중해서 말을 걸어보자. 그러다 보면 어느새 수많은 경험이 차곡차곡 쌓여서 놀라울 정도로 언어발달이 이루어질 것이다.

아이의 반복성 활용하기

아이들은 무언가 꽂히는 게 있으면 '저게 저렇게 재미있을까…' 하는 생각이 들 때까지 무한 반복할 때가 있다. 언어자극을 하기에 최적이다. 짧은 시간 안에 한 단어를 여러 번 반복하면 아이들은 단어를 쉽게 기억한다. 아이가 반복적으로 시도하는 행동이 있다면 그에 상응하는 간단한 언어로 행동이나 경험을 묘사한다. 추임새나 생동감 있는 반응은 흥미를 일으켜 더 많은 반복을 이끈다. 어른은 늘 아이보다 일찍, 반복에서 지루함을 느낀다. 하지만 아이들에게 '반복은 배움의 기회'라는 것을 기억하자.

우리 아기는 지금 무슨 생각을 할까?

　첫째 아이가 "배고파."라고 하면 진짜 배고픈 게 아닐 때가 많다. 먹고 싶은 특정한 음식이 있다는 뜻이다. 예를 들어 집에 쿠키가 있는 걸 알고는 쿠키가 먹고 싶으면 "배고파."라고 한다. 이런 일이 반복되면 아이의 신호를 알아차리기가 그다지 어렵지 않다. 여기서 조금 더 어려워지는 것은 아이의 신호를 보고 '해석'하는 부분이다. 부모님이 아이의 모든 의도를 척척 다 알아챌 수 있다면 육아는 훨씬 쉬울 것이다. 현실은 그렇지 않다. 아이가 도대체 왜 우는지, 표현하고자 하는 의도가 무엇인지 알아채기 힘든 상황들이 너무나 많다. 그렇다면 먼저 아이의 다양한 소통의 의도에는 어떤 것이 있는지 살펴보자.

원하는 물건/행동/사람이 있음, 거부하기, 관심 공유하기, 부르기, 상대방 주의 돌리기, 인사하기, 대답하기, 질문하기, 생각 공유하기, 궁금한 정보가 있음.

아이가 발달에 따라 의도를 나타내는 방법은 여러가지다. 원하는 물건이 있을 때 울거나 손을 뻗는 아이가 있는가 하면, 시선을 번갈아 보거나 엄마의 손을 잡고 끄는 아이도 있다. 고개를 돌리며 거부하는 아이도 있고, 울거나 소리 지르며 거부하는 아이도 있다. 똑같은 상황이라도 아이마다 소통 방법, 흥미와 관심사, 현재 상태, 아이의 경험에 따라 그 의도가 다르다. 따라서 아이마다, 상황마다 아이가 보내는 '신호'에 따른 내면의 '의도'를 여러 단서를 통해 추측해보는 과정이 필요하다. 아이의 의도를 추측하는 데 도움을 주는 단서들을 4가지로 정리했다.

나이스(N.I.C.E)를 외치게 하는 단서들

N은 비언어적 의사소통 Nonverbal communication 표현을 말한다. 아이들이 말로 표현하는 것 외에 보완적·추가적으로 사용하는 비구어적 표현들을 주의 깊게 살펴봐야 한다. 시선은 어디를 향해 있는지, 어디를 향해 손을 뻗고 있는지, 어떤 표정과 자세를 하고 있

는지 등 최대한 직접적인 단서를 모은다.

I는 아이의 흥미와 관심사Interest를 살펴보는 것이다. 아이가 평소에 좋아하는 것은 무엇인지, 선호하는 패턴이나 환경이 있는지, 평소에 불편해하고 싫어하는 것은 무엇인지 곰곰이 생각해보면, 아이의 의도를 예측하는 데 도움이 된다. 이 부분은 누구보다 아이와 시간을 많이 보내는 양육자가 가장 잘 알 수 있다. 물론 이것 또한 어느 정도 시행착오를 통해서 알아가는 부분이지만, 아이의 흥미, 관심사, 선호하는 환경 등의 단서를 적극적으로 활용해보길 바란다.

C는 아이의 현재 상태Current state를 말한다. 아이의 상태를 통해 근본적인 의사소통의 이유를 알 수 있을 때가 많다. 졸리고 배고프고 피곤하고 불편할 때 아이들은 모든 게 다 싫다. 그럴 때는 근본적인 욕구가 충족되어야 해결된다. 아이의 현재 상태에 대한 표현을 제시하는 것이 아이의 진짜 의도를 파악하고 아이의 공감을 얻는 방법이다.

E는 현재 아이가 경험Experience하고 있는 것이 무엇인지, 현재 맥락에 관련된 아이의 지난 경험은 무엇이 있었는지를 떠올리는 것이다. 익숙한 것을 가장 좋아하는 이 시기에 아이는 지난 경험을 토대로 의사를 나타내고 있을 가능성이 아주 크다.

이야기로 돌아가 첫째가 "배고파."라고 하면 처음에는 '오잉? 방금 밥 먹었는데?' 하는 생각이 들었다. 현재 상태(C)는 일단 배고프지 않다는 걸 알기에 다른 단서들을 생각한다. '아이가 좋아하는 것 중에 먹고 싶은 게 있나?'(I). 그리고 아이의 경험을 떠올려보면(E) '아, 얘가 어제 쿠키가 있는 걸 봤지.' 아이의 진짜 의도는 '쿠키 먹고 싶어.'라고 해석된다. 그럼 의도대로 "쿠키가 먹고 싶어서 그래?"라고 물어보면 아이는 눈이 동그래지면서 "응!"이라고 대답한다. 그 시간이 쿠키를 먹을 수 있는 상황이 아니라면, 아이에게 "그런데 우리 오늘은 쿠키 하나 먹었으니까 내일 또 하나 먹자."라고 설명하면 된다. 다른 예를 한번 들어보자.

상황 1. 마트에서 아이가 울기 시작했다

N: 울며 떼씀, 발 동동 구름, 손 뻗음.

I: 딸기를 매우 좋아함.

C: 배고픔, 간식 시간 지남.

E: 저번에 왔을 때 엄마가 딸기를 카트에 담는 걸 보며 좋아했음.

해석: 아이가 딸기를 먹고 싶어 하므로 이에 적절한 언어 반응을 한다.

상황 2. 아이와 평소보다 늦게 귀가했는데 이를 닦자고 하니 울기 시작했다. 이를 닦기 싫다는 것일까?

N: 바닥에 누워서 울고불고하며 "아니야! 싫어!"라고 말함.

I: 양치에는 관심 없고 빨리 자고 싶음.

C: 신나게 놀고 집에 왔는데 귀가 시간이 평소보다 늦음. 그러면 아이는 당연히 피곤할 텐데 "피곤해."라고 말로 표현할 줄 모름.

E: 보통 루틴은 저녁 먹고 좀 놀다 씻고 자는 것임. 그런데 오늘은 루틴에서 벗어난 새로운 경험이라서 양치해야 한다는 것을 모를 수 있음. 자기 전 양치해야 한다는 것을 알려주어야 함.

해석: '피곤해, 그냥 자고 싶어.'라는 아이의 속마음을 말로 표현해준다. "자기 전엔 이를 꼭 닦아야 이가 안 썩어." 이어서 아이의 의도로 연결해 말한다. "오늘은 피곤하니까 이만 금방 닦고 빨리 자자."

의도를 도저히 모르겠을 때는?

아이의 의도를 알 수 없는 순간도 있다. 아이가 표현이 미숙하므로 당연한 일이다. 부모님에게는 그 상황이 답답하게 느껴질 것이다. 아이의 필요를 채워주고자 하는 부모로서의 본능이 있기 때문이다. 하지만 이 또한 아이가 소통을 배워나가는 과정이라는 것을 인식한다면 조금은 마음을 편하게 먹을 수 있다. 그 과정에서 부모님이 당황하지 않고 활용해볼 수 있는 방법을 소개한다.

첫째, 가장 유력한 추측으로 반응한다. 아이의 의도를 정확히 알지 못하더라도 괜찮다. 예를 들어 아이가 그림책을 보며 옹알이

하면, 정확히 못 알아듣더라도 아이가 보고 있는 그림에 맞게 묘사해준다. "토끼가 뛰어가네.", "아기가 코 자."라고 말하며 다시 아이의 반응을 살펴볼 수 있다.

둘째, 보여달라고 한다. 말로 표현하지 못한다면 직접 보여줄 기회를 주는 것이다. "어디? ○○(이)가 한번 보여줄래?", "뭐 어떤 거?"와 같이 아이가 직접 부모의 손을 잡고 데리고 가거나 손짓으로 설명해보도록 한다.

셋째, 응답 후 선택권을 준다. 아이가 요구한 것에 대해 적절히 응답한 후 실현할 수 있는 선택권을 제시한다. "잘 모르겠네. 그런데 A나 B는 할 수 있어. 어떤 것 할래?"

넷째, 모르겠다고 솔직히 이야기한다. 아이가 의사 표현을 시도한 것에 대해 아무 반응도 하지 않고 넘어가는 것보다 "미안해. 엄마가 무슨 말인지 잘 모르겠어."라는 식으로 부모님의 입장을 솔직하게 말로 표현하는 것이 아이를 납득할 수 있고 대화를 올바르게 끝맺는 방식이다.

다섯째, 응답 후 다른 곳으로 주의를 돌린다. 아이가 무언가 표현하거나 설명하는데 도저히 못 알아듣겠고 단서조차 없을 때는 인정하고 자연스럽게 다른 곳으로 주의를 돌리는 것이 상책일 때가 있다. 아이가 장난감을 가리키며 옹알이할 때 "그랬어? 우와, 이거 봐봐!" 하며 다른 것을 가리킨다.

여섯째, 긍정적으로 반응하고 다독여준다. 때로는 아이가 전달하고자 하는 내용보다 부모의 따뜻한 위로가 필요할 때도 있다. 특히 졸리거나 피곤한 상태, 무언가 불편할 때, 문제가 해결되지 않는 상황 등에서는 그저 안아주고 다독여주는 것만으로 소통의 어려움에서 오는 답답함이 진정될 수 있다.

섬세하게 마음 알아차리기

우리 아이가 소통하는 방법에 대해 구체적으로 살펴보자. 현재 아이가 다양한 의도에 대해 어떤 신호를 보내고 있는지 적어보는 것이다. 의도를 다 나타내지 않을 수도 있고, 또 시기에 따라 의도를 나타내는 방법이 달라질 수 있기에 생각나는 대로 채워보면 아이의 소통 방식에 대한 이해도가 높아질 것이다.

아이의 의도	아이가 의도를 나타내는 방법
원하는 물건이 있음	울음, 찡그린 표정, 제스처
원하는 행동이 있음	손 뻗기
원하는 사람이 있음	
거부하기	
관심 공유하기	
부르기	
상대방 주의 돌리기	
인사하기	
대답하기	
질문하기	
생각 공유하기	
궁금한 정보가 있음	

두 걸음 언어자극

한 개의 낱말을 뱉을 수 있어요

아이의 뇌와 언어신경을 깨우는 말 걸기

보고 듣고 만지는 것을 이야기해요

아이의 어휘력은 언제부터 발달할까? 말이 트이기 전부터 쌓이기 시작한다. 자주 보는 대상에 대해 부모가 일관된 명칭으로 반복해 부르는 것을 들으며 '엄마가 자꾸 저걸 강아지라고 부르네. 저렇게 생긴 걸 강아지라고 하나 보다.' 하며 대상과 이름을 맞추기 시작한다. 그 후로 아이는 학습한 단어가 가리키는 대상(강아지)과 비슷하게 생긴 대상(고양이, 늑대 등)을 보며 '저것도 비슷하게 생긴 것 같은데… 강아지인가?' 하고 생각한다. 형태가 비슷한 것들을 일반화했다가, 차이를 알아가며 대상을 더욱 정확히 이해하고 단어의 의미를 구체화하는 것이다.

한편 아이가 알게 된 단어와 비슷하게 생기지 않은 대상을 마주칠 때가 있다. 동물과 과일의 예가 그렇다. '이건 강아지랑 아예 다르게 생겼네. 근데 엄마가 이걸 사과라고 부르네. 이렇게 생긴 건 사과라고 하는구나.' 이런 식으로 사물의 모양이나 형태에 따라 이름이 주어진다는 관점으로 어휘를 배워나간다. 비슷한 것을 일반화하고, 서로 다른 것을 분류하고, 그 섬세한 차이를 이해하고 정리하며 학습된 어휘의 수가 급증하는 것이다.

이와 같이 아이들은 일상에서 다양한 대상을 보고 경험하며 단어를 배운다. 그리고 형태가 비슷한 것들끼리 같은 이름을 가질 것이라는 편견을 형성한다. 이것을 '형태 편향Shape bias'이라고 한다. 모양과 형태는 사물의 가장 도드라지는 특성이다. 눈에 띄게 구별되는 만큼 새로운 어휘들을 빠르게 구분하고 습득해나갈 수 있다. 이것이 점점 쌓여 아이들은 비로소 '언어 폭발기'를 맞이한다.

초기 언어발달 시기엔 '단서'와 '맥락'이 무엇보다 중요하다. 눈앞에 보이는 대상의 형태를 단서 삼아 새로운 표현을 배우는 것이다. 이 시기 아이의 최대 관심사는 눈앞에 보이는 것이고, 그것이야말로 아이에게 가장 효과적인 언어자극을 준다. 학습한 적 없는 새로운 표현을 배울 때일수록 그 대상을 눈앞에 보여주는 것이 좋다. '토끼'라는 단어를 모르는 아이에게 눈앞에 없는 '토끼'를 이야기한다면 아이는 이해하지 못한다. 토끼 인형을 보여주며 표현을 알려줄 때, 아이는 '아, 이렇게 생긴 걸 토끼라고 하는구나.' 하며 사물과 어휘를 짝지어 이해하고 어휘를 습득할 수 있다.

한편 아이의 시야에 다른 사물이 여럿 섞여 있을 때가 있다. 이

때 부모님이 목표 사물에 대한 표현을 가르치려고 하면 아이는 정확히 어떤 것에 집중해야 할지, 새로 알게 된 표현과 어떤 것을 연결해서 이해해야 하는지 혼동한다. 엄마가 "깡충깡충 뛰는 토끼가 있네."라고 말할 때, 눈앞에 토끼 인형, 책, 공, 의자 중에서 무엇이 '토끼'인지 정확히 알지 못한다. 단서가 명확하지 않은 언어자극은 의미가 없다.

표현과 사물을 알맞게 연결해 아이가 이해하도록 돕는 몇 가지 방법이 있다. 첫째, 아이가 집중해서 보고 있는 대상을 다룬다. 코끼리 그림을 주시하고 있다면 "코끼리!" 하고 단어를 알려주는 것이다.

둘째, 아이가 딱히 집중하고 있는 대상이 없다면 목표 사물이 잘 보이는 편안한 거리에서 살짝 흔들어 관심을 끌어준다. 젖병을 흔들며 "우유!" 하고 말하거나 토끼 인형을 흔들며 "토끼!" 하고 말하는 것이다. 벽면의 그림이나 무거운 사물처럼 흔들 수 없는 것은 손가락으로 가리키며 말해준다. 아이와 함께 산책할 때 주변에 보이는 새롭고 재미있는 사물들을 손가락으로 가리키며 "나무!", "구름!" 하고 알려주는 것도 좋다. 아이가 자연스레 대상을 따라 시선을 옮기며 귀로 듣고 배울 수 있다.

보는 것만 아니라 직접 느끼고 체험하는 것에 대해 말을 거는 것도 아이에게 좋은 언어자극이다. 영아기 아이는 감각으로 세상을 탐색하며 배워간다. 시각, 청각, 후각 등 여러 감각을 통해 세상의 다양한 정보를 얻는다. 그리고 그 감각적 경험을 연결하고, 기억하며, 세상을 이해한다. 감각 중에서 가장 먼저 발달하는 것이 '촉감'이다. 신체 접촉을 통해 부모와 애착을 형성하고 정서적 안정감을 얻는 것이다. 아이와 촉감 놀이를 해보지 않은 부모가 드물 만큼 영아에게 다양한 촉감을 경험하는 기회가 중요하다는 사실은 널리 알려졌다.

촉감 놀이는 아이의 두뇌에 긍정적인 영향을 준다. 그런데 이때 두뇌발달 못지않게 중요한 것이 바로 촉감과 경험을 연결하는 언어자극이다. 많은 부모님이 아이가 촉감을 느끼는 데 집중하는 시간을 방해하는 것은 아닌지 걱정하신다. 하지만 현재 아이의 체험에 대한 표현을 들려주는 것은 오히려 집중을 극대화한다. 촉감 놀이를 본격적으로 준비해주지 않아도 된다. 차가운 음료수병을 아이의 다리에 살짝 갖다 대며 "앗 차가워." 하고 말하거나, 부드러운 인형을 안겨주며 "아이 부드러워." 하고 말할 수도 있다. 초기 언어발달 시기에는 복잡하고 정교한 표현보다 일상에서 자주 경험하는 것들 중에서 아이에게 의미 있는 쉬운 표현을 몇 가지 알려주는 것이 좋다. 언어자극을 줄 때는 표정과 말투, 행동을 활용해 단서들을 풍부하게 제공해주자. 충분한 경험과 이해가 쌓이면 표현의 발화는 자연스레 나타날 것이다. 다음은 몇 가지 촉감과 언어자극의 경험을 사례로 정리한 것이다.

목표 표현	촉감 경험	언어자극
차갑다	• 차가운 음료수병을 다리에 살짝 대보며 • 씻을 때 차가운 물에 손을 담가보며	"앗, 차가워. 호."
뜨겁다	• 따뜻한 커피가 담긴 찻잔에 손을 살짝 대보며 • 목욕물 온도를 맞출 때 따뜻한 물에 손을 대보며 • 프라이팬, 냄비 등 뜨겁고 위험한 것을 만지는 척하며	"앗, 뜨거워. 후."
춥다	• 추운 날 외출하며 • 베란다에 나가며 • 냉장고에 팔을 잠깐 넣고	"아이, 추워. 덜덜덜."
덥다	• 더운 날 외출하며 • 두꺼운 이불을 머리까지 덮고	"아이, 더워."
시원하다	• 부채질하거나 선풍기 바람을 쐬며	"아이, 시원해."
부드럽다	• 부드러운 이불이나 베개에 얼굴을 대보며 • 털 인형을 안겨주며 • 보드라운 옷감을 쓸어보며 • 강아지를 쓰다듬으며	"보들보들 부드러워."
미끄럽다	• 바닥이 젖은 욕실이나 수영장에서 손을 잡아주며 • 미끄럼틀의 표면을 만져보며 • 물에 불린 미역이나 국수를 만져보며	"미끌미끌 미끄러워."
울퉁불퉁하다	• 차를 타고 울퉁불퉁한 길을 지나며 몸이 흔들릴 때 • 울퉁불퉁한 장난감의 표면을 만져보며	"울퉁불퉁하네."

아이가 먹는 음식의 이름을 알려주기

아이가 이름을 알고 먹는 음식이 얼마나 될까? 아직 많지 않다면 아이에게 익숙한 음식부터 언어자극을 쌓아주자. 이미 많이 안다면 새로운 음식을 경험할 기회를 주며 어휘를 늘려가자. 아이에게 음식을 내주며 "오늘은 미역국.", "미역국 먹자."라고 한다든지, 상을 차리며 "이건 엄마 미역국, 이건 아빠 미역국."이라고 말해보자. 또 아이가 음식을 먹고 있을 때 "미역국 맛있어?", "미역국 더 줄까?" 하고 묻는 것이다. 또 다 먹은 후에는 "미역국 다 먹었다.", "미역국, 안녕." "우리 다음에 미역국 또 먹을까?"와 같이 다양한 방법으로 음식의 이름을 들려준다. 그러다 보면 언젠가 아이가 먹어보고 경험했던 음식 어휘를 스스로 사용할 수 있게 된다.

심부름 교육은 이렇게 시켜요

"고집이 세요.", "말을 잘 안 들어요." 언어발달에 고민을 가지고 찾아오는 부모님이 아이를 설명할 때 이렇게 표현하는 경우가 많다. 한국인 부모님뿐만 아니라 미국인 부모님에게서도 비슷한 얘기를 자주 듣는다. "She's very stubborn(우리 딸은 고집이 세요).", "He's very lazy(우리 아들은 게을러요)." 등 내 말을 잘 듣지 않는다는 이야기를 장난스럽게 한다. 그럴 때 언어발달 전문가로서 먼저 고민되는 부분은 아이가 정말 게으르거나 고집이 세서 의도적으로 말을 듣지 않는지, 아니면 언어를 이해하고 수행하는 능력이 부족한지에 대해서다. 이때는 아이의 수용언어가 잘 발달되고 있는지를 우선 살펴봐야 한다. 부모님이 아이의 언어 이해와 수행 능력만 잘 이끌어줘도 아이에 대한 오해는 대체로 풀린다. 그리고 그것은 일상의 작은 심부름을 통해서도 이루어질 수 있다.

적절한 훈육은 부모의 도리다. 훈육이란 아이가 세상을 살아가면서 해야 할 것과 하지 말아야 할 것, 생활의 규칙과 질서를 가르쳐주는 것이다. 훈육은 아이가 언어를 이해할 만큼 성장했을 때부터 시작한다. 아이가 언어를 이해하는 시점부터 발달 수준에 알맞은 표현으로 일상생활의 질서와 규칙을 알려주어야 한다.

아이들은 9~12개월만 되어도 부모님이 "안 돼.", "그만." 하고 제지할 때 목소리 톤의 차이를 느끼며 행동을 멈춘다. 돌 전후로부터는 익숙한 맥락에서 한마디 짧은 지시사항인 "주세요.", "가자.", "넣어주세요." 등을 이해하고 따르기 시작한다. 두 돌이면 "컵 놔두고 손 씻자."처럼 두 단계의 지시사항도 이해하고 따를 수 있게 된다. 이러한 지시사항의 이해는 아이가 생활의 질서를 이해하고 수행해나가는 데 도움을 줄 뿐 아니라 향후 학업에서도 학칙을 따르고 교과서의 문제나 지문을 이해하는 데 작용한다.

여기서 지시사항을 따른다는 것은 아이가 말을 잘 듣는다는 것이 아니다. 언어를 듣고 이해하고 반응하는 능력을 키워가는 것을 말한다. 가장 첫 단계는 바로 아이가 현재 하고 있는 행동에 대한 표현을 들려주는 것이다. 간식을 가진 엄마를 본 아이에게 "이리 와."라고 하거나 아이가 관심 있는 물건을 공유하기 위해 엄마에게 보여주며 들어올릴 때 "주세요."라고 지시하는 것이다. 따라서 아이가 흥미를 보이는 사물이나 행동을 관찰하며 적절한 순간에 작은 심부름을 제시하면 아이는 지시사항에 적절히 반응하는 경험을 긍정적으로 쌓을 수 있다. 아이는 부모님이 자신의 관심사 밖의 일만 계속 시키면 말을 듣지 않을 확률이 높고 잇따라 상대방의 언어에 적절히 반응하고 수행하는 경험을 그만큼 쌓지 못하게 된다.

그러한 차원에서 '놀이'는 아이의 수용언어를 키우기에 매우 유익하다. 아이의 주도를 따라서 상호작용을 이어나가되 놀이의 맥락 안에서 가끔 작은 심부름을 시킨다. "눌러주세요.", "넣어주세요.", "블록 하나 주세요.", "컵 아빠한테 주세요.", "아기 안아주세요.", "○○(이)가 먹어요.", "공룡 재워줘.", "포크로 먹어요.", "딸기 씻어주세요.", "뽀로로 차 안에 넣어요." 등이 있다. 단, 함께 놀이에 참여하는 내내 지시만 내린다면 아이는 놀이의 주도성을 잡지 못해 흥미를 잃어버리기 쉽다. 아이의 행동을 묘사해보기도 하고, 아이의 지시를 부모님이 따라보기도 하고, 자연스럽게 대화를 나누기도 하며 놀이의 '즐거움'을 잃지 않게 하는 것도 중요하다.

아이가 지시사항을 제대로 이해하게 하려면 행동을 직접 보여주고 도와주는 과정이 필요하다. 손짓과 몸짓으로 단서를 제공하고 또 행동 수행을 직접 도와줌으로써 아이가 언어의 뜻을 정확히 이해하는 데 도움을 주는 것이다. "이리 오세요."라고 하며 두 팔을 벌리거나 아이가 올 수 있게 살포시 도와주고, 장난감을 통에 넣을 수 있도록 손을 살포시 이끌어주고, 쓰레기를 어디에 어떻게 버려야 하는지 직접 보여주고 이끌어야 아이가 다양한 표현과 행동을 연결하며 배워나갈 수가 있다.

아이가 곧잘 하기 시작하면 단서와 도움을 서서히 줄인다. 점점 더 스스로 할 수 있는 것이 많아지는 때다. 부모님이 처음엔 쓰레기를 버리러 같이 갔다 오다가, 손가락으로 쓰레기통을 가리키기만 하고, 더 익숙해지면 말로만 이야기해도 혼자 스스로 할 수 있도록 지도하는 것이다.

언어를 이해하고 행동을 수행했을 땐 긍정적으로 반응해야 한다. 아이에게 확신을 주고 더 소통하고 싶은 마음을 심어주는 것이다. 예를 들어 아이가 쓰레기를 쓰레기통에 버리고 왔는데 부모님으로부터 아무런 반응을 얻지 못한다면, 자신이 제대로 한 건지 아닌지 확신을 얻지 못한다. 훌륭한 칭찬이 아니더라도 아이의 행동을 다시 따라 하거나, "○○(이)가 쓰레기를 버렸네."라고 하며 아이의 행동을 그대로 말로 표현한다든지, "옳지. 맞아."와 같이 수긍하거나, 엄지 척이나 박수를 치는 등 성취를 기뻐하는 제스처를 한다든지, "됐다!", "오케이!"의 간단한 추임새만 해주어도 아이는 성취감을 느끼고 반복하고 싶은 욕구가 커진다.

> 하루 1분
> 말걸기

빨래 돕기

빨래할 때 아이에게 시킬 수 있는 심부름이 많다. 세탁 준비를 할 때는 더러운 옷을 빨래통에 넣으며 "넣어요.", 빨래통에 있는 옷을 세탁기에 넣으며 "안에 넣어요.", 세탁기 문을 닫으며 "닫아요." 등의 도움을 아이에게 요청할 수 있다. 세탁하면서도 아이를 안아 들어올려서 세제를 "부어요.", 버튼을 "눌러요." 등을 부탁하고, 세탁이 다 됐을 때는 "빨래 다 됐다!" 하고 세탁기 문을 "열어요." 하고 아이에게 부탁할 수 있다. 세탁기에서 빨래를 "꺼내요." 하고 아이와 함께 빨래통을 거실로 옮기면서 "밀어요." 또는 "들어요."라고 부탁할 수 있다. 그 이후에도 아이에게 "옷 엄마한테 줘요.", "옷 털어요.", "여기 걸어요.", "옷장에 넣어요." 등 다양한 심부름을 통해 아이가 풍성한 언어자극과 함께 긍정적으로 가사에 참여하고 성취감과 독립심을 키워갈 수 있다.

보물찾기 놀이를 해봐요

아이가 자신이 좋아하는 곰돌이 인형을 찾고 있다. 첫 번째 엄마는 아이의 눈빛과 행동만 봐도 아이가 곰돌이 인형을 찾고 있다는 것을 알아챈다. 곧바로 곰돌이 인형을 찾아와 아이에게 건넨다.

두 번째 엄마는 아이가 무언가 찾고 있다는 신호를 알아채고 "뭐 찾아?" 하고 물어본다. 아이는 평소 곰돌이 인형이 있는 자리를 가리키며 "곰!"이라고 하기도 하고 두 손을 벌리고 고개를 절레절레 흔들며 없다는 제스처를 한다. 두 번째 엄마는 "곰돌이 인형? 어디 갔지?" 하고 인형을 찾은 뒤 "찾았다!" 하고 인형을 아이에게 건넨다.

세 번째 엄마는 아이가 곰돌이 인형을 찾는다는 것을 알아채고 "곰돌이 인형? 어디 갔지?"라고 반응한다. 그리고 아이와 함께 '곰돌이 인형 찾기'에 나선다. "침대에 없네.", "침대 밑에 있나?", "여기도 없네.", "놀이방에 있나? 놀이방에 없네.", "가방 안에 있나?", "찾았다! 여깄네. 곰돌이 인형!" 하고 마침내 아이와 함께 인형을 찾는다.

같은 상황이지만 아이에게 어떻게 반응하느냐에 따라 언어자극의 풍성함이 달라진다. 아이가 더 깊이 사고하고 언어를 듣고 표현할 기회가 얼마나 있느냐에서 차이가 벌어진다. 어떤 상황이라도 아이가 조금 더 스스로 생각하고, 표현하고, 언어자극을 받아들일 기회를 주어야 한다. 일상 속에서 작은 보물을 수시로 찾아다니는 것만으로 이런 환경을 제공해줄 수 있다. 여기서 보물이란 아이가 좋아하는 것, 아이에게 현재 필요한 것, 아이에게 새로운 것이다. 아이의 주의를 끌고 내적인 동기를 부여하는 것들이다.

사물 변별력과 문제 해결력을 길러주자

"○○ 어딨지?" 아이들이 말이 트이기 시작할 무렵, 내가 항상 입에 달고 살았던 표현이다. 이 작은 표현 하나로 수많은 언어자극을 할 수 있다. "○○ 어딨지?"라는 질문을 이해하고 대답하는 수용언어 능력을 키워줄 수 있다. 처음엔 간단한 "어딨지?"라는 질문에 아이는 '아, 무언가를 찾으라는 뜻이구나.'라고 이해하며 무엇이든 찾아서 가져다 준다. 그리고 어휘가 쌓이기 시작하면서 "인형 어딨지?"와 같은 질문에 익숙한 사물을 정확히 집어낼 수 있게 된다. 그러다 보면 사물을 변별할 수 있는 능력이 길러진다. 눈앞에 책과 인형 중에서 정확히 인형을 골라낼 수 있는 능력 말이다.

차차 눈앞에 있는 여러 장난감 사이에서 인형을 골라낼 수 있게 되고, 다른 방에 있더라도 정확히 인형을 찾아올 수 있다. 이러한 사물 변별력이 먼저 세워지고 나면 어휘에 대한 이해도가 높아져 익숙한 사물을 직접 명명하게 된다. 인형을 찾아와서는 "인형!" 하고 부를 수 있게 되는 것이다. 다양한 어휘에 대한 수용적 이해와 표현력을 쌓을 수 있다.

그 외에도 '있다', '없다', '네', '아니오'의 개념과 사물의 이름, 신체 어휘, 위치 어휘, 장소 등 여러 개념 어휘를 자연스러운 맥락 안에서 들려줄 수 있다. 또한 아이가 직접 물건을 찾아 나서며 어디에 있을지 추측하고 문제를 해결하는 능력을 기를 수 있다. 아이들이 한 낱말로 표현하는 단계에서 낱말과 낱말을 조합하여 더 긴 표현을 구사하려면 다양한 어휘를 알아야 한다. 주로 약 50단어 내외가 쌓인 시점에서 아이는 낱말을 조합할 수 있다. 따라서 일상 속 익숙한 맥락 안에서 다양한 어휘를 쌓아주는 과정은 아이의 언어가 다음 단계로 발달하려면 필수다.

부모님은 아이에게 필요한 모든 것이 어디 있는지를 알아도 모르는 척 연기할 필요가 있다. 아이와 함께 책을 읽으러 가면서 "책 어딨지?", 물을 요구한 아이에게 "물 어딨지?", 이를 닦기 전에 "칫솔 어딨지?", 선크림을 얼굴에 발라주며 "코 어딨지?", 길을 걸으며 "자동차 어딨지?" 등 일상 속 필요한 물건을 먼저 아이가 생각해보고 찾아보고 표현할 기회를 주는 것이다. 아이에게 퀴즈를 내듯 물어보며 정답을 가르쳐주려는 것이 아니라, 일상생활을 함께 충분히 경험하고 언어로 공유한다. "맞아, 그거야!"라는 반응보다 "그러네. 여기 있었네!"라고 반응해줘야 한다.

도움을 주려다가 말자

한 걸음 언어자극에서 아이가 좋아하는 것을 활용해 제스처를 유도했다면 이번엔 더 다양한 방식으로 아이의 '보물'을 활용해 정교한 표현을 유도해보자. 아이가 좋아하는 음식, 장난감, 물건, 사람, 행동, 활동 또는 현재 아이에게 중요하거나 필요한 것을 발견하여 일상의 다양한 환경 속에서 아이가 직접 표현해보도록 물러서서 지켜보는 것이다. 아이 곁에서 눈을 마주치며 아이의 말을 들을 준비가 되었다는 자세로 기다려주면 아이가 더 쉽게 부모에게 말을 건넬 수 있다. 아직 아이가 어떻게 표현해야 할지 모를 때는 부모가 아이의 할 말을 모델링해주면 된다.

- 블록, 퍼즐, 크레파스 등 여러 피스가 있는 장난감이나 간식을 조금만 주고 아이의 요구 표현을 기다려본다. "또.", "더 줘.", "주세요.", "파란 블록이요!" 등을 유도할 수 있다.
- 간식 시간이 되었을 때 아이가 좋아하는 간식을 아이의 손이 닿지 않는 선반 위에 올려놓는다. "까까.", "떡뺑.", "바나나 먹을래." 등을 유도할 수 있다.
- 아이가 즐겨하는 상호작용 놀이를 하다가 중간에 멈추고 기다려본다. "또.", "다시.", "한 번 더.", "까꿍!", "또 해봐." 등을 유도할 수 있다.
- 뚜껑을 열지 않고 물건을 준다. "열어줘.", "뜯어줘.", "까줘." 등을 유도할 수 있다.
- 하이체어에 앉고 내릴 때 바로 도와주지 않는다. "내려주세요.", "도와주세요.", "앉을래.", "올려줘." 등을 유도할 수 있다.
- 무거운 것을 들려고 할 때 바로 도와주지 않는다. "너무 무거워.", "도와주세요." 등을 유도할 수 있다.
- 부러진 것을 바로 고쳐주지 않는다. "도와주세요.", "고쳐줘." 등을 유도할 수 있다.
- 그네를 밀어주다가 자연스럽게 멈춘다. "밀어주세요." 등을 유도할 수 있다.
- 조작이 필요한 장난감을 가지고 놀 때 도와주지 않는다. "도와주세요.", "이거 해줘." 등을 유도할 수 있다.

- 장난감 전원을 끄고 준다. "켜주세요.", "틀어주세요." 등을 유도할 수 있다.
- 음식을 자르지 않은 채 준다. "잘라줘.", "너무 커." 등을 유도할 수 있다.
- 먹을 때 필요한 숟가락, 포크, 컵 등을 안 준다. "포크 어딨지?", "포크 주세요." 등을 유도할 수 있다.
- 아이가 방에 들어갔을 때 바로 불을 안 켜준다. "깜깜해.", "불 켜주세요." 등을 유도할 수 있다.
- 씻을 때 욕조에 들어가도 물을 틀지 않고 기다린다. "물!", "물 틀어주세요." 등을 유도할 수 있다.

표현을 확장하는 선택적 질문을 던져요

만 1~2세 아이들은 2가지 중 하나의 선택권을 제시했을 때, 원하는 것을 선택할 수 있게 된다. 따라서 아이에게 선택권을 주는 질문은 아이의 언어 촉진에서 아주 유용한 도구다.

먼저 아이가 대답할 수 있는 단어의 모델링을 제시해주면서, 아이가 구체적인 대답을 할 수 있도록 이끌기 때문이다. "뭐 먹을래?" 같은 질문은 아이가 먼저 질문을 이해하고, 자신이 현재 먹고 싶은 음식을 인지해서 그 음식의 이름을 생각해내고 그 정보를 자신이 소리로 발화하기까지 아주 정교하고 복잡한 절차를 요구한다. 그런데 만약 "딸기 먹을래? 아니면 바나나 먹을래?" 같은 선택적인 질문으로 바꾸어본다면 아이가 방금 들은 단어의 음운적·의미적 정보를 기반 삼아 더욱 쉽게 대답을 시도하게 된다. 아직 선택이 부정확한 아이라면 아이가 선호하는 것과 선호하지 않는 것 2가지 중 아이가 선호하는 것을 뒤에 물어 더 쉽게 하나를 선택하는 법을 알려준다. 그리고 차차 순서를 바꿔보며 아이가 원하는 것을 선택할 수 있도록 한다. 직접 선택사항들을 보여주고 가리키면서 질문을 제시한다면 아이가 더욱 쉽게 질문 속 단어를 이해하고 대답할 수 있다.

"뭐 먹을래?" → "바나나? 아니면 딸기?"
"뭐 가지고 놀래?" → "인형? 아니면 자동차?"
"어디 갈까?" → "놀이터? 아니면 도서관?"

두 번째로 선택권을 주는 질문이 효과적인 또 다른 이유는 아이의 표현을 확장해주기 때문이다. 예를 들어 아이가 "블록!"이라고 한다면 "블록 놀이할래? 큰 블록 줄까? 아니면 작은 블록 줄까?", "파란색? 아니면 노란색?", "탑을 만들까? 기차를 만들까?" 등 다양한 선택적 질문으로 대화를 이어갈 수 있다.

"블록 놀이할래?" → "큰 블록? 작은 블록?"
"사과 먹을래?" → "잘라서 먹을래? 그냥 먹을래?"
"공!" → "굴려줄까? 던져줄까?"

선택권을 주는 질문은 아이에게 자율성을 부여하는 효과를 덤으로 얻을 수 있다. 영유아들은 스스로 상황을 주도하고 통제하는 데서 큰 자존감과 효능감을 얻는다. 아이에게는 일상에서 따라야 하는 다양한 규칙과 질서들이 있다. 이도 닦아야 하고 옷도 갈아입어야 하고 손도 씻어야 하고 신발도 스스로 신어야 한다. 이러한 사항들을 단순히 지시하기보다 "양치 먼저 할래? 옷 먼저 갈아입을래?", "빨간 신발 신을까? 파란 신발 신을까?", "학교까지 깡충깡충 뛰어갈까? 뒤뚱뒤뚱 걸어갈까?" 등 아이에게 허용 가능한 바운더리 안에서 선택권을 주어서 아이에게 어느 정도의 주도권을 양도하면 아이는 스스로 해낼 힘을 얻는다.

"이 닦자." → "이 먼저 닦을래? 옷 먼저 벗을래?"
"신발 신자." → "빨간 신발 신을래? 파란 신발 신을래?"
"집에 가자." → "토끼처럼 깡충깡충 뛰어갈까? 펭귄처럼 뒤뚱뒤뚱 걸어갈까?"

아이가 바로 응답하지 않더라도 괜찮다. 아이는 의도를 확인하는 질문을 통해 자신의 의도에 상응하는 표현을 듣고, 따라 해볼 기회를 얻는 것으로 언어적 역량과 경험을 쌓을 수 있다. 그러다 보면 부모님의 질문을 아이가 모방하게 되고, 또 아이의 모방이 자발적인 표현의 자양분이 될 것이다.

> 하루 1분
> 말걸기

호불호가 확실한 간식으로 말문 트기

아이들은 간식을 참 좋아한다. 그리고 호불호가 확실하다. 자신이 원하는 간식을 정확히 알고 있다. 이러한 특성을 활용하여 언어를 유도할 수 있다. 우선 아이가 좋아할 것 같은 간식 하나와 그렇지 않은 간식 하나를 아이에게 제시하며 선택권을 준다. "간식 뭐 먹을래? 빵? 아니면 귤?" 평소에 빵보다 귤을 더 좋아하는 아이라면 자연스럽게 귤에 손이 갈 것이다. 그러면 다시 한번 귤을 아이에게 보여주며 의도를 확인하는 질문을 던져본다. "귤?"

어떤 아이는 "규?" 하고 모방을 시도할 수도 있고, 어떤 아이는 다시 귤을 손으로 가리키거나 잡으려 할 것이다. '응, 귤이 먹고 싶어.'라고 표현하는 셈이다. 그럼 부모님은 다시 한번 "귤 주세요."라고 고개까지 끄덕이며 아이의 대답을 모델링하면 된다. 가끔 장난스러운 분위기에서 아이에게 선호하지 않는 음식을 보여주며 "빵?" 하고 의도를 확인하는 질문을 던져보면 아이가 싫다는 표현을 할 때 "아니!"라는 표현을 유도할 수도 있다.

같은 표현을 무한 반복해줘요

아이들은 반복을 통해 세상을 배워가고 효과적으로 언어를 습득한다. 일상생활에서 언어를 집중적으로 반복해주는 데는 2가지 방법이 있다. 첫째, 특정 표현을 하나의 상황에서 다양한 방법으로 여러 번 들려주는 것이다. 예를 들어 아이와 공놀이하는 중이라고 하자. "공!", "공 주세요.", "공 던져.", "공 어디 갔지?", "공 여깄네!" 등과 같이 '공'이라는 단어를 다양하고 자연스럽게 반복하는 것이다. 아이는 같은 표현을 한 자리에서 연달아 반복적으로 들으면서 표현을 효과적으로 기억하고 학습할 수 있다.

둘째, 같은 단어를 여러 맥락에 걸쳐 반복해주는 것이다. 공놀이하면서 공이라는 단어를 알게 된 아이에게 책에 나오는 공에 대해서도 이야기하고, 공에 대한 노래가 있다면 같이 부르기도 하고, 공 모양으로 생긴 다양한 물건에 대해서 이야기할 수 있다. 매일 공놀이할 때마다 공이라는 단어를 반복적으로 듣는 것만으로 효과적이다. 한 번 들었던 표현을 여러 맥락과 상황에 걸쳐 다시 듣고 적용해보며 완전한 습득이 이루어지는 것이다.

아이가 발화한 표현이 아니어도 아이가 듣고 집중했던 표현이라면 반복을 통해 익숙해지게 할 수 있다. 아이와 상호작용을 하다가 아이에게 조금 덜 익숙하거나 새로운 표현을 발견한다면, 다양한 문장이나 맥락을 통해 자연스럽게 집중적으로 반복해주자.

한 낱말로 표현하는 아이에게는 낱말을 활용한 다양한 문장을 만들주면서 낱말 조합을 유도할 수 있다. 가령 아이가 "딸기."라고 했다고 하자. "딸기(모방).", "딸기 먹어.", "○○(이) 딸기.", "엄마도 딸기.", "딸기 더 줘?", "딸기 어딨지?", "딸기 여깄다." 등으로 답할 수 있다.

그중에서도 동사를 반복하기에 좋은 방법으로는 '전, 중, 후 집중 반복'을 추천한다. 아이가 특정 행동을 하기 '전(~하려고?/~할 거야?)', 행동을 수행하는 '도중(~어/~네)', 행동을 마친 '후(~다.)'를 반복하는 것이다. 매번 반복해야 하는 건 아니고, 상황에 따라 알맞은 순간에 단어를 제시하면 좋다.

둘째가 문을 여닫는 것을 좋아할 때가 있었다. 아이가 문에 가까이 다가가는 순간 이미 아이가 문을 여닫고 싶어 한다는 것을 알 수 있었다. "문 닫을 거야."라고 미리 말을 건넸다. 그리고 아이가 문을 닫고 있는 도중에 다시 한번 "문 닫아."라고 말을 건네고 문이 닫힌 후에 아이에게 "문 닫았다!" 하고 한 번 더 말해주었다.

아직 "엄마", "아빠" 하고 부르지 못한다면

"돌이 한참 지났는데 아직 '엄마', '아빠' 소리를 못 해요."라고 고민을 털어놓으시는 부모님을 많이 만났다. 모든 아이의 첫 발화가 꼭 '엄마'나 '아빠'가 아닌 경우도 많지만, 부모님에게 매우 중요하게 느껴질 수 있는 두 단어를 유도하는 방법을 알려드리곤 했다. 바로 일상 속에서 매일 똑같이 반복하는 것이다.

- 엄마가 퇴근하고 올 때마다 "엄마 왔다!"
- 아빠가 방에서 나올 때마다 "아빠다!"
- 아빠가 아이를 데리고 엄마한테 가면서 "엄마한테 가볼까? 엄마!"
- 가족 앨범이나 액자를 보면서 "엄마 어딨지? 엄마!"
- 핸드폰 사진을 보면서 "아빠 어딨지? 아빠!"
- 아이가 손을 뻗으며 엄마를 찾을 때 "엄마 여깄어."
- 이불로 얼굴을 가렸다가 나타나며 "아빠 어딨지…? 아빠!"
- 가족이 같이 숨바꼭질하며 "엄마 어딨지? 엄마!"

하루 1분 말걸기

같은 책을 여러 번 반복해서 읽어주기

아이들은 같은 책을 여러 번 읽을수록 학습 능력이 향상한다. 책을 반복적으로 읽으면서 책 내용에 대한 이해가 높아질 뿐 아니라, 어휘 또한 확실히 습득할 수 있다. 더 나아가 배운 것을 일상에 적용하는 능력도 커진다. 부모님이 느끼기에 똑같은 책을 계속 읽으면 배울 수 있는 내용이 한정될까 걱정할 수 있다. 이때 아이는 새로운 어휘와 표현, 이야기를 충분히 배우고 자기 것이 되었다고 느낄 때까지 자신도 모르게 반복하는 성향을 보인다. 따라서 아이가 같은 책, 같은 놀이를 반복하려고 할 때는 지지해주는 것이 좋다. 단, 아이의 놀이 공간이나 책장 등 아이에게 잘 보이고 쉽게 손이 닿는 곳에 책 몇 권을 놔두고 아이에게 선택의 자율성을 주는 것이 좋다. 아이는 책을 여러 번 읽고 흥미가 떨어지면 또 다른 책에 손을 뻗을 것이다.

아이의 낱말에 다른 낱말을 더해요

 아이와 산책하는데 아이가 길가의 크리스마스 트리를 보며 "우와!" 하고 감탄했다. 아이에게 확신을 주기 위해 같이 "우와!" 하고 반응했다. 그랬더니 아이는 더 신난 표정으로 크리스마스 장식을 가리키며 또 "우와!" 하고 감탄했다. 이번에는 아이의 표현에 한마디 덧붙여서 "우와! 눈사람!" 하고 말을 건넸다. 처음엔 바로 따라 하지 않다가도 몇 번 반복하니 어느새 아이도 "우와! 눈사람!" 하고 따라 하는 모습을 볼 수 있었다.

 한 낱말로 표현하는 아이의 언어를 효율적으로 확장하는 가장 좋은 방법은 무엇일까? 아이의 표현에 한두 마디를 덧붙여 반응하는 것이다. 한 낱말 표현의 다음 단계는 낱말 조합의 단계다. 소꿉놀이에서 장난감 음식을 권하며 "엄마!"라고 말하던 아이가, 어느 날 갑자기 "엄마가 딸기 먹어요."라고 말할 수는 없다. 아이는 음식을 엄마의 입에 갖다 대거나 먹는 입 모양을 보여주면서 '엄마' 또는 '먹어'를 표현할 수 있게 된다. 어느 순간 아이는 "엄마 먹어." 하고 자신이 이미 경험한 적 있는 두세 단어를 조합하여 말한다.

아이가 장난감 음식을 권하는 의도를 잘 파악했다면, 아이가 '엄마'라고만 해도 '엄마, 딸기 먹어요.'라고 말하고 싶었다는 걸 알 수 있다. 그렇다면 "엄마, 딸기 먹어요."와 "엄마 먹어." 중 아이가 곧잘 따라 말할 수 있을 만한 표현은 무엇일까? 바로 아이의 현재 발화 단계의 다음 단계인 "엄마 먹어."다. 만약 아이가 "엄마 먹어."라고 말한다면 거기서 더 나아가 "엄마가 먹어.", "엄마, 딸기 먹어요." 같은 더 긴 표현으로 확장할 수 있다.

"엄마." → "엄마 먹어." → "엄마가 먹어." → "엄마, 딸기 먹어요."

아이에게 익숙한 표현이라면 두세 마디를 덧붙여도 괜찮다. 만약 아이가 '엄마'와 '먹어'에 더불어 '딸기'라는 표현에도 익숙하다면, 아이가 "엄마!"라고 말했을 때 "엄마, 딸기 먹어요."라고 반응해도 좋다. 아이가 지금 혼자 해내지는 못하지만, 쉽게 따라 할 수는 있을 만한 표현으로 반응해주는 것이다. 물론 아이에게 건네는 모든 표현을 두세 마디로 줄일 수는 없겠지만, 적어도 아이가 먼저 표현한 것에 반응해줄 때는 아이가 따라 해볼 수 있을 만한 짧은 표현을 들려주는 것이 아이의 표현력을 확장하는 데 효과적이다.

아이가 명사를 사용했다면 다양한 조합이 가능하다. 예를 들어 아이가 '사과'라고 말했다고 가정해보자. 사과라는 명사에 동사를 붙이면 한 문장이 완성된다. "사과 먹어.", "사과 주세요.", "사과 깎아줘.", "사과 잘라줘." 등이다. 명사에 명사를 붙일 수도 있다. 예를 들어 '엄마 사과'라고 덧붙일 땐 '엄마의 사과'라는 의미로 소유를 나타낼 수 있고, '엄마가 사과를 먹어요.'라고 하면 행위 대상을 나타내는 표현이 된다. 그 외에도 다양한 수식어를 붙여 조합해볼 수 있다. "사과 없네.", "큰 사과.", "빨간 사과.", "사과 많이 있어.", "사과 맛있어.", "사과 안녕.", "사과 아니야.", "사과 싫어." 등이 있다. 또 아이가 명사가 아닌 다른 품사의 단어인 '먹다', '없다', '크다' 등을 사용했다면 명사나 다양한 수식어를 붙여 조합할 수도 있다.

낱말 조합의 시기에는 간단한 조사나 어미도 함께 나타나는 경우가 많다. '~가', '~도'와 같은 조사나 '~아', '~자'와 같은 어미가 대체로 관찰된다. 따라서 한두 마디의 낱말 조합을 의미 있는 문장으로 표현하기 위해 문법의 형태를 포함해줄 수도 있다 "사과야.", "사과네.", "엄마가 먹어.", "아기도 사과." 등이 그렇다. 표현을 간결하게 줄이기 위해 문법적으로 맞지 않거나 어색한 낱말의 조합을 사용하는 것보다 이 단계에서는 오히려 문법적으로 정확하고 자연스러운 표현을 사용하는 것이 아이에게 더욱 유익하다.

아이들은 자신이 사용한 표현에 대한 피드백을 듣고, 스스로 수정하며, 풍성한 표현을 배우고 사용할 수 있게 된다. 그렇다고 해서 아이가 사용하는 표현을 매번 확장하려고 할 필요는 없다. 아이의 발화에 얼마나 많이 반응해주었는가보다 아이가 자신의 의사 표현에 대한 질적인 반응을 주고받는 상호작용을 매일 조금씩이라도 경험했는지가 더 중요하다.

아이에게 발화나 표현을 지시적으로 요구하지 말고, 아이와의 유의미한 소통 그 자체에 큰 의미를 두자. 아이가 자연스럽게 스스로 언어를 배워나가고 습득해나갈 수 있을 것이다.

소통의 균형을 맞추자

아이와 소통의 순서를 지키는 것도 중요하다. 아이가 던진 한마디에 부모님이 열 마디로 반응해서는 안 된다.

아이: "사과!"
엄마: "사과네. 빨간 사과. 엄마 사과도 여기 있고, 아빠 사과도 여기 있어. 사과 먹을래? 엄마가 사과 깎아줄까?"

아이가 한마디 하면 부모님도 한두 마디 정도로 반응한다.

아이: "사과!"
엄마: "사과네. 사과 먹을래?"
아이: "사과 먹어."
엄마: "사과 먹을래~. 큰 사과? 아니면 작은 사과?"
아이: "큰~ 사과!"
엄마: "알았어. 큰 사과 깎아줄게."

상대방에게 말할 기회를 주지 않고 쉴 새 없이 자신의 얘기만 하는 사람들이 있다. 할 말이 있어도 끼어들기 어려워 결국 듣고만 있는 것이 나은 일방적 말하기로 남는다. 중간마다 눈을 마주치며 상대방의 반응을 살피고, 상대방이 충분히 생각하고 대답할 여유를 주고, 상대방이 한 말에 정성스레 공감해주고 반응하는 사람과의 대화가 더 기분 좋고 편안하다.

아이가 표현이 미숙하고 말을 많이 하지 않아도 아이의 속도에 맞추어 편안한 대화를 이끌어야 한다. 눈을 마주치며 아이의 소통 순서에 대한 신호도 주고, 아이의 할 말을 차분히 기다리며 들어주고, 아이가 이해할 만한 짧고 간결한 표현으로 공감하고 반응해주는 것이다.

상호작용은 마치 핑퐁 같다. 일방적으로 공을 보내기만 하는 것이 아니라, 두 사람이 주거니 받거니 공이 왔다 갔다 해야 성사된다. 아이가 먼저 서브를 보낼 때 따뜻한 언어와 반응으로 아이의 소통을 받아준다. 아이가 부모의 서브를 잘 받아주고 이어갈 수 있도록 도와주면서 상호작용의 균형을 맞추는 것이다.

> **하루 1분 말걸기**
>
> ### 산책할 때 표현을 확장하기
>
> 아이들은 신이 날 때 활발하게 떠들기 시작한다. 아이와 함께 산책하다 보면 아이에게 신기하고 새로운 것들을 많이 발견할 수 있다. 부모님이 먼저 주위 환경 속의 흥미로운 요소들을 아이와 공유하면 아이의 자연스러운 발화를 끌어낼 수 있다.
>
> "우와! 꽃이네.", "저것 봐봐!", "버스다!", "강아지 보이네." 등 산책이나 등하원 시간에 아이와 대화하는 습관을 들이면, 아이도 어느 순간 자연스럽게 흥미로운 요소들을 표현하게 된다. 한 낱말로 표현하는 아이라면 "버스!", "나무.", "학교." 등 단어로 얘기할 것이다. 그런 순간들을 잘 포착하여 아이의 표현에 한두 마디를 덧붙여 표현을 확장해줄 수 있다. "버스 지나가네.", "노란색 버스!", "나무 보여.", "학교, 안녕?"처럼 말이다.

'할미'라고 말하면 '할머니'로 반응해요

　둘째가 15개월 때 '양말'을 '마미'라고 불렀다. '양말'이라고 아무리 다시 말해주어도 꿋꿋이 '마미'라고 불렀다. 하지만 포기하지 않고 아이가 '마미'라고 할 때마다 '양말'이라고 부드러운 어투로 올바른 표현을 들려주었다. 몇 달이 지나고 '마미'라고 발음하던 것이 '야미'가 되고, '야미'가 '얌마'가 되고, 결국 두 돌이 조금 지나서야 '양말'과 가장 가까운 '얌말'로 발음했다. 만약 아이에게 "아니, 마미가 아니라 양말." 같은 단호한 어조로 고치려 했다면, 아이는 자신의 발음이 부족하다는 인식이 쌓여 자신 있게 시도하는 경험을 줄였을 수 있다. 반대로 만약 아이의 언어로 양말을 '마미'라고 함께 불렀다면, 아이는 오랫동안 '양말'에 가까운 발음을 어려워했을 것이다.

실제로 아이의 발음을 걱정하는 부모님이 많다. 아이가 단어를 전혀 다른 방법으로 발음한다든지, 특정 소리를 잘 발음하지 못하는데 괜찮은지 걱정한다. 아이들이 입의 작은 근육을 움직여 다양한 소리를 내고 연결 지어 발음하는 일은 결코 단순한 작업이 아니다. 마치 하나의 악기를 새로 배우는 것과 같다. 음절마다 고유한 소리를 내기 위해서는 턱을 위아래로 움직이고, 입술을 짧고 길게 조절하고, 혀의 정확한 위치, 성대 여닫음, 배에서부터 흘러나오는 호흡 등 여러 개의 작은 부분들을 동시다발적으로 조절해야 한다. 그리고 재빨리 다음 소리와 연결해야 한다. 처음엔 어려울 수밖에 없다. 수많은 연습과 경험으로 점점 더 쉽게 정확한 소리를 내게 된다.

대체적으로 아이들의 발달 패턴은 비슷하다. 발화 초기 단계에는 주로 긴 단어보다 한 음절의 짧은 소리('무', '(음)마', '빠', '꼬' 등) 또는 같거나 비슷한 음절이 반복되는 단어('아아', '마마', '까까', '나나' 등)부터 시작한다. 받침소리는 낱말을 조합하고 짧은 문장을 만들어가는 두 돌 이후부터 점차 증가한다. 학자마다 의견의 차이는 있지만 대체로 'ㅁ', 'ㅇ', 'ㅍ', 'ㅂ', 'ㅃ', 'ㄴ', 'ㄸ', 'ㅌ', 'ㄱ', 'ㄲ', 'ㅎ' 같은 자음 소리가 주로 먼저 나타나고, 그 후에 'ㄷ', 'ㅋ', 'ㅈ', 'ㅉ', 'ㅊ', 'ㅅ', 'ㅆ', 'ㄹ' 같은 소리도 어휘와 표현력이 늘어남에 따라 숙달된다.

아이의 발음은 아이가 성장하면서 명료해진다. 대체적으로 아이 발음의 명료도는 19~24개월에 25~50%, 2~3세에 50~75%, 4~5세에 75~90%, 만 5세에 90~100%로 예측할 수 있다. 아이들은 대부분 특별한 가르침이 없이도 자연스럽게 이 과정을 거친다. 꼭 아이와 쉬운 소리로 구성된 표현을 사용하려고 노력할 필요는 없다. 발음하기 어려운 소리도 흥미도가 높다면 아이가 소리 낼 수 있는 것으로 대체하거나 단순화하여 발음하며 점차 스스로 명료도를 높여가게 되어 있다. 천천히, 명확한 발음을 듣는 경험을 일찍부터 하면 미성숙한 발음의 고착화를 막을 수 있다. 집에서 거부감 없이 아이의 발음을 개선할 수 있는 5가지 비법을 소개한다.

- 자세 잡기: 아이와 대화할 때 아이의 눈높이에서 아이의 입 모양과 입의 움직임을 정확히 볼 수 있는 자세를 잡는다.
- 입 크게 움직이기: 아이와 대화할 때 입 모양을 조금 더 크게 움직이자. 아이는 소리에 상응하는 입 모양을 더욱 정확히 볼 수 있다. 아이가 부담스러울 정도까지는 말고 자연스럽게 입의 근육을 조금 더 사용하는 것이다.
- 강조하기: 아이가 어려워하는 발음을 조금 더 늘려서 길게, 또렷하게 발음한다. 소리를 정확히 듣고 뇌에서 처리할 수 있는 시간을 늘려준다.
- 다시 말하기: 아이가 정확하지 않은 발음으로 발화했을 때, 아이의 발화를 정확한 발음과 '공감하는 말투'로 다시 말해준

다. 아이가 "엄말!"이라고 하면 엄마는 "아! 얼룩말."이라고 말한다.
- 반복하기: 아이가 소리를 연습할수록 더욱 정확하게 발음할 수 있다. 아이가 발음을 어려워하는 단어를 사용할 기회를 다양한 문장과 상황들을 통해 자주 만들어주면 도움이 된다.

단, 배움은 아이에게 맡기자. 부모와의 대화는 가르침이 아니라 의미 있는 대화로 남아야 긍정적인 동기부여가 된다. 부모님은 아이의 발음을 직접적으로 지적하거나 수정을 요구하기보다 스스로 소리의 차이를 알아채고 수정할 수 있는 '기회'와 '환경'을 제공하는 역할을 해야 한다. 이와 같은 방법들을 활용했음에도 아이의 발음 발달에서 지연이 관찰된다면 전문가의 도움을 받아보기를 권한다.

하루 1분 말걸기

거울 놀이

거울 앞에서 대화하면 아이가 스스로 자신의 입 모양과 부모님의 입 모양을 관찰하고 비교할 수 있다. 평소 아이가 가지고 노는 그림 카드가 있다면 활용해보자(없다면 사진을 활용하거나 종이에 그림을 그려서 카드를 여러 장 만든다). 그림이 거울 면과 닿게 하여 테이프로 살짝 거울에 붙인다. 가운데는 아이의 얼굴이 보이도록 두고 그 주위로 동그랗게 붙여주면 좋다. 그리고 카드를 하나씩 떼며 "짜잔!" 하고 카드에 있는 그림을 보고 단어를 얘기해본다. 거울에 비친 그림이 아이에게 힌트가 되어줄 것이다. 예를 들어 '인형' 그림 카드가 나왔다면 자연스럽게 함께 거울을 바라보며 "인형!" 하고 말해보는 것이다. 아이가 똑같이 따라 발음하지 못해도 괜찮다. 재미있는 놀이를 즐기며 자연스러운 모델링을 제시하는 것만으로도 아이에게 좋은 자극이 된다.

세 걸음 언어자극

낱말을 조합할 수 있어요

아이가 소통하는 즐거움을
깨닫게 하는 말 걸기

> **먹고 씻고 잘 때
> 표현을 확장해요**

아이들이 낱말을 조합하기 시작할 때는 자신에게 익숙한 표현, 발화할 수 있는 표현을 중심으로 말한다. 매일같이 사용하는 표현으로 조합할 확률이 높다. 따라서 일상 루틴을 활용해 아이에게 익숙한 단어들로 표현을 확장하는 것은 매우 효율적이다. 그중 간단한 2가지 방법을 소개한다.

첫째, 특정 루틴 안에서 가장 핵심적인 단어 하나로 다양한 조합을 만들어보는 것이다. 식사 시간에 가장 핵심이 되는 단어는 '먹다'일 것이다. 아이와 함께 식사하며 다양한 음식 어휘를 '먹다'라는 표현과 조합하여 모델링하는 것이다. "밥을 먹어요. 냠냠. 당근도 먹어요. 냠냠. 멸치도 먹어요. 냠냠."

둘째 아이가 낱말을 조합해 표현할 때쯤 가족이 둘러앉아 저녁을 먹을 때면 "지오 당근 먹어.", "엄마 당근 먹어.", "누나 당근 먹어.", "아빠 당근 먹어."라며 온 가족이 돌아가며 외쳤다. 다양한 일상 루틴 속에서 다음과 같은 낱말 조합을 모델링할 수 있다.

- 목욕 시간: "손 씻고, 얼굴 씻고, 배 씻고…"(씻다), "우와! 얼굴이 깨끗해! 배도 깨끗해! 손도 깨끗해!"(깨끗하다)
- 목욕 후: "배 닦고, 얼굴 닦고, 팔도 닦아요"(닦다), "로션을 얼굴에 발라요. 등에도 발라요. 다리에도 발라요."(바르다)
- 간식 시간: "뚜껑 열어. 뚜껑 닫아."(여닫다), "엄마 물 마셔. ○○(이) 물 마셔."(마시다)
- 옷 갈아입으며: "윗옷 입어요. 바지 입어요."(입다), 양말 신어요. 다 했다!"(신다)
- 등하원 시간: "엄마는… 꽃 보여! 또… 나무 보여! ○○(이)는?"(보이다), "꽃 안녕! 나무 안녕! 강아지 안녕! 또…?"(인사)
- 취침 시간: "칫솔 잘자. 인형 잘자. 베개 잘자. 이불 잘자. 아빠 잘자."(자다)

둘째, 아이에게 낱말 조합의 선택권을 주는 것이다. "딸기 아니면 바나나?"와 같이 한 낱말의 표현을 선택하는 것이 아니라 "딸기 먹을래 아니면 바나나 먹을래?"처럼 낱말 조합의 선택권을 제시할 때 아이는 한 낱말의 단답이 아닌 낱말 조합으로 대답할 가능성이 크다. "딸기."라고 하는 대신에 "딸기 먹을래."라고 말이다.

주로 식사 시간이나 간식 시간에 매우 유용하게 쓰이는 방법이다. 아이가 선호하는 음식을 '먹다', '마시다', '자르다', '까다' 등 간단한 동사와 함께 조합하여 권할 수 있다. "물 마실래? 우유 마실래?", "잘라서 먹을래? 그냥 먹을래?", "바나나 까줘? 까주지 마?" 또는 옷을 고를 때 색깔이나 옷의 종류와 조합하여 아이에게 선택권을 줄 수도 있다. "빨간 바지 입을래? 파란 바지 입을래?", "긴팔 입을까? 반팔 입을까?" 그 외에도 놀잇감을 선택할 때 "퍼즐 맞출까? 아니면 그림 그릴까?"라고 묻거나 장난감을 가지고 하고 싶은 행동에 대해 "공 던져줘? 아니면 공 굴려줘?"처럼 선택권을 제시할 수도 있다. 상황에 따라 아이에게 낱말 조합의 선택권을 주며 아이가 자율적으로 의사를 결정하여 그것을 확장된 표현으로 전달할 수 있다.

만약 낱말 조합의 선택권을 주기 위해 "물 마실래? 아니면 우유 마실래?"라고 물었는데도 "우유!"라고 한 낱말로 답한다면, 아이의 낱말을 다시 확장된 표현으로 모델링해주면 된다. "우유 마실래~."라고 말이다. 아이가 충분한 언어 경험을 해야 낱말 조합으로 표현하게 될 것이다.

루틴을 노래로 불러주자

일상에서 자주 반복되는 루틴을 노래로 불러보는 것도 좋다. 아이에게 특별한 흥미를 더해줄 뿐만 아니라 아이의 두뇌가 특정 언어 표현을 효과적으로 기억하고 활용할 수 있는 새로운 길을 열어준다. 아이에게 익숙한 멜로디에 알맞게 개사하여 노래를 만들 수 있다. 또는 전혀 다른 새로운 멜로디로 노래를 만들 수도 있다. 단, 아이의 발달단계에 맞게 아이가 쉽게 이해하고 또 따라 할 수 있을 만한 짧은 표현을 사용해야 한다. 여러 번 반복해서 부르는 패턴을 만드는 것이 효과적이다. 아이는 노래를 통해 평소 수행하기 어려워했던 루틴들을 재밌다고 느낄 수 있다.

첫째와 둘째 모두 양치 시간만 되면 멀리 도망갔다. 화장실에 가도 칫솔을 입에 갖다 대는 순간 괴성을 터뜨렸다. 그럴 때마다 칫솔을 천천히 입에 가져가며 우리만의 '양치송'을 부르기 시작했다. 그러면 아이의 감정이 조금 진정되고 더 쉽게 협조를 얻을 수 있었다. 함께 참여하는 즐거운 시간으로 받아들이기 때문에 긍정적인 경험을 쌓는 것이다. 일관성이 필요한 아이에게는 같은 루틴을 반복할 때마다 노래 부르는 횟수를 매번 일정하게 지켜주자. 아이는 루틴이 언제 끝날지 예상할 수 있을 때 조금 더 쉽게 협조하기도 한다.

- 세수하며 "사과 같은 내 얼굴, 눈은 어디 있나? 여기!"
- 양치하며 "이를 닦자. 이를 닦자. 치카치카, 치카치카."
- 식사를 마치고 손과 입을 닦아줄 때 "손 닦자. 손 닦자. 입 닦자. 입 닦자. 손을 닦자. 손을 닦자. 슥슥슥."
- 신발을 신으며 "신발 신자. 신발 신자. 신발 신고 밖에 나가자."
- 목욕하며 (아기상어 멜로디에) "머리 감자. 뚜루루뚜루!"

앞서 언급한 팁과 동일하게 어느 정도 노래 루틴이 익숙해졌을 때 중간중간 중요한 단어 앞에서 멈추었다가 아이가 노래를 완성하도록 기다려주면 더욱 풍성한 상호작용을 이루어갈 수 있다.

> 하루 1분
> 말 걸기

역할 놀이

낱말을 조합하는 시기에 아이의 놀이 발달은 더욱 다양해진다. 한 낱말로 표현하는 두 걸음 단계에서는 음식을 먹는 척한다든지 전화 통화하는 척하는 등 한 가지 도구를 사용한 단순한 행동을 주로 보인다. 세 걸음 단계에서는 자신이 일상생활 속에서 겪는 상황들을 재현하고, 한 가지 이상의 놀이 행동을 연결하기 시작한다. 음식을 그릇 위에 올려서 엄마에게 준다거나, 인형을 재워주고 먹여준다. 엄마가 평소 요리하거나 청소하는 모습을 따라 하기도 한다. 이러한 놀이 맥락 안에서도 일상에서 사용하는 방법을 비슷하게 적용할 수 있다.

- 소꿉놀이하며 "인형 잘 자.", "인형 안녕?", "인형 앉아.", "인형 밥 먹어.", "인형 목욕해."
- 부엌 놀이하며 "엄마 컵, 곰돌이 컵, ○○(이) 컵!", "냄비에 고기 넣고, 양파 넣고, 당근 넣고."
- 청소 놀이하며 "식탁 닦아요.", "의자 닦아요.", "바닥도 닦아요."

동작을 말로 표현하면 문법이 쉬워져요

일반적으로 아이들은 주로 동사보다 명사 위주로 어휘를 습득한다. 약 18개월부터는 소수의 어휘를 반복적으로 사용하는 패턴을 나타내다가, 점점 어휘가 쌓이고 낱말을 조합하기 시작하면서 만 2세부터 동사 어휘의 사용이 다양해진다. 국어문법 특성상 영어를 사용하는 아이들보다 우리말을 사용하는 아이들이 동사를 조금 더 일찍, 그리고 자주 사용할 수 있다. 만 2세 전후에 다양한 동사 어휘를 사용해 더 발전된 문장 형태를 만들 수 있고, 이는 문법 발달과도 밀접한 상관관계를 이룬다. 따라서 이 시기에 적극적으로 다양한 동사 어휘를 자극하면 지속적인 언어발달을 촉진할 수 있다.

아이가 이해하고 좋아하는 동작 찾기

먼저 아이의 하루 일과 중에서 아이나 엄마, 아빠가 자주 하는 동작을 찾아보자. 아이가 자주 접하는 동작을 어느 정도 인지하고 있다면 부모는 아이가 동작을 수행할 때 이를 말로 표현할 기회가 늘어나며 새로운 표현을 들려줄 수 있게 된다. 연구에 의하면 아이들은 동작을 수동적으로 관찰하는 것보다 스스로 동작을 수행할 때 동사를 더 효과적으로 습득할 수 있다.[18] 아이들이 직접 움직이며 하는 활동이, 그림 카드를 학습하거나 수동적으로 관찰하는 활동보다 효과적이다.

예를 들어 아이가 자동차를 좋아한다면 아이가 자동차를 가지고 놀고 있을 때 자동차에 '타다', '가다', '멈추다', '올라가다', '내려가다', '들어가다', '나오다' 등의 동사들이 아이에게 흥미롭고 의미 있을 것이다. 또는 아이을 매우 좋아한다면 외출할 때 아이가 경험하는 다양한 행동에 대해 말을 건네는 것이다. 엘리베이터 타면서 '(버튼을) 누르다', '올라오다', '내려가다', '(손을) 잡다', '(문을) 열다/닫다', '나가다', '지나가다', '운전하다' 등 생각보다 여러 가지 동사 어휘들을 찾아볼 수 있다. 상황별로 사용할 수 있는 동사는 다음과 같다.

- 식사 시간: 먹다, 마시다, 닦다, 주다, 놓다, 빼다, 꺼내다

- 목욕 시간: 씻다, 닦다, 들어가다, 나오다, 넣다, 빼다
- 간식 시간: 먹다, 마시다, 열다, 닫다, 버리다
- 놀이 시간: 가다, 오다, 놀다, 하다, 보다, 타다, 밀다, 넣다, 걷다, 뛰다, 고치다

아이가 행동하는 순간을 말로 표현하기

아이가 동작을 수행할 때 동사를 모델링해주자. 동사를 배우는 것이 명사보다 어려운 이유는 명사는 눈앞에 계속 보이지만 동사는 동작이 끝나면 사라지기 때문이다. 동사의 종류에 따라 단어를 제시하는 가장 효과적인 타이밍이 다르기도 하다. 예를 들어 '걷다', '먹다' 등 진행형의 동사는 동작 수행 직전이나 수행과 동시에 단어를 모델링해주기 좋고, '부러지다', '떨어지다' 등의 동사는 움직임이 끝난 뒤 모델링할 수 있다. 아이의 행동을 관찰하며 아이의 행동이 이루어지기 직전, 행동이 이루어지는 도중, 행동이 일어난 직후로 나누어 각 순간에 가장 적절한 표현을 해주려고 노력하다 보면 어느새 아이에게는 풍성한 동사 노출이 이루어진다.

- 뚜껑을 열어주기 전에 "열어줘?"
- 공을 던져주기 전에 "던져!"

- 간식을 뜯어주기 전에 "뜯어줘?"
- 아이나 부모님이 물을 마시면서 "물 마셔."
- 노래에 맞춰 춤을 추고 있을 때 "○○(이) 춤 춰."
- 부러진 장난감을 고쳐주며 "장난감 고쳐요."
- 행동 후 "나왔다.", "닦았어!"

단서 제공하기

아이가 동사의 뜻을 정확히 이해할 수 있도록 여러 가지 단서를 제공해주자. 부모님이 동작을 함께 수행하기도 하고, 손짓, 몸짓으로 표현할 수 있다. 놀이터에서 "올라가요!"라고 말해주며 아이 옆에서 직접 계단에 올라가거나 팔다리를 움직이며 올라가는 동작을 표현해주는 것이다. 아이들은 문장의 문법 형태, 단어의 위치, 문장의 다른 단어들에서 동사의 뜻을 유추할 수 있다. 특정한 동사의 뜻을 가장 잘 설명할 만한 여러 가지 문장이나 문법 형태를 통해 같은 동사를 반복적으로 들려주면 아이가 동사의 뜻을 배우는 데 도움이 된다.

여러 상황 속에서 재미있게 반복하기

한 동사를 한 가지의 상황이 아닌 여러 상황 속에서 모델링해주자. 아이들은 동사를 배울 때, 같은 동사가 다양한 상황 속에서 노출될 때 더욱 효과적으로 습득할 수 있다. 이것을 실행하기 가장 쉬운 방법은 책과 놀이를 활용하는 것이다. 책에서 의미 있게 익힌 동사가 있다면 그것을 일상에서도 들려줄 상황을 고민해보고, 놀이에서도 들려주도록 노력해보자.

첫째가 한동안 《아기 돼지 삼형제》를 좋아했다. 책에서 이야기를 읽고 첫째와 둘째 돼지의 집이 무너지는 장면을 통해 '무너지다'라는 표현을 새로 배웠다. 그리고 아이와 블록 놀이를 하면서도 "무너진다!"라고 말하고, 또 취침 전 이불을 덮어 쓰고 집을 만들었다가 이불을 걷으며 "집이 무너졌네!"라고 말하기도 했다. 일상 루틴 속에서 사용하는 동사들은 자연스럽게 매일 반복하기 쉽지만, 책에서 나온 조금 더 생소한 동사의 경우 일상과 놀이 속 맥락 안에서 다양하게 들려주면 아이는 더 신나게 반복하고 사용한다.

놀이터에서 다양한 동작을 표현하기

동작이 많은 놀이터에서 다양한 동사 어휘를 들려줄 수 있다.

- 미끄럼틀 계단을 올라가며 "올라가요."
- 미끄럼틀을 타고 내려오며 "내려간다. 슝!"
- 그네를 타며 엄마에게 "밀어줘.", "멈춰줘."
- 회전 놀이기구에 타면 "돌려줘."
- 시소나 흔들 목마에 올라타며 "타요."
- 아이가 손잡이를 잡을 때면 "잘 잡고.", "꽉 잡아요."
- 계단에서 바닥으로 뛰어내리며 "뛰어내려.", "점프!"
- 터널에 들어갔다 나오며 "들어가요.", "나왔다!"
- 동네 친구와 술래잡기하며 "친구 잡자!", "뛰어, 뛰어!"
- 너무 빨리 뛰다 다치는 것이 걱정되면 "천천히 뛰자.", "걸어가자."

짜증 대신 말로 표현하는 방법을 알려줘요

 장난감을 잘 가지고 놀던 아이가 원하는 대로 되지 않자 장난감을 휙 던진다. 그러면 부모님은 "장난감 던지면 안 되지!" 하고 엄하게 반응한다. 아이는 이러한 부모님의 반응에 계속해서 짜증을 내거나, 바닥에 드러누워 더 크게 감정을 표출한다. 또는 여느 때처럼 간식 봉지를 뜯어주려는데 아이가 "내가, 내가!" 하고 스스로 뜯어보겠다고 소리친다. 아이가 해보도록 건네주면 조금 시도하다가 잘 안 돼서 또 짜증을 부린다. 이러한 상황에서 부모님은 어떻게 대처하는 것이 좋을까?
 낱말을 조합하기 시작하는 이 시기에는, 아이의 언어 능력이 크게 늘고 인지력도 높아지면서 신체적으로 할 수 있는 것도, 하고 싶은 것도 많아진다. 자아가 형성되어가며 내 생각과 부모님의 생각이 다를 수 있다는 것을 이해하고, 또 뭐든지 스스로 해보고자 하는 욕구가 생긴다. 이전에는 부모님이 해주던 것들을 거부하고 도전해보려는 의지가 생긴다. 이런 과정을 거치며 아이들은 자신이 할 수 있는 것과 도움이 필요한 것이 무엇인지를 배워나가고, 또 스스로 성취하고 문제 해결력을 키우며 자존감을 높여간다.

아이들은 넘치는 의욕에 비해 막상 잘 안 되는 것들이 많아 시행착오를 겪는다. 그리고 그것이 분노와 짜증으로 표출되기 시작한다. 아직은 이 큰 감정이 정확히 무엇인지, 왜 자신에게 이러한 감정이 생기는지, 또 그것을 어떻게 대처해야 할지 잘 인지하지 못해서다. 그저 뇌가 전달하는 대로 몸과 행동으로 표출한다.

아이들이 본능적으로 격한 반응을 보이면 부모님도 마음이 불안해진다. 문제를 빨리 해결해야 할 것 같고 또 아이의 감정을 다독여줘야 할 것 같은 조바심이 든다. 보편적으로 아이가 "싫어!", "아니야!", "내 거야!", "하지 마!" 같은 부정적인 표현을 할 때 부모님은 아이가 버릇이 나빠지거나 다른 사람들에게 무례를 끼칠까 봐 다그쳐야 한다고 생각한다. 하지만 사실상 이러한 마음과 표현들은 이 시기의 아이에게 발달적으로 매우 적합하다. 좋고 싫은 것이 분명해지고 자신이 타인과는 구별된 생각과 욕구들이 있다는 것을 인지하기 때문이다. 발달적으로는 자신이 원하는 사물이나 행동을 요구하는 표현을 하게 되고, 또 자신이 원치 않는 것을 거부하거나 저항하는 표현도 하게 된다. 이러한 의사소통의 다양한 기능은 오히려 아이가 맥락이나 상황에 적합하게 언어를 사용하는 능력이 발달하고 있음을 시사한다. 다만, 문제는 소리 지르거나 과격한 행동까지 동반한다는 것이다.

감정을 조절하는 데 가장 강력한 도구는 바로 '언어'다. 영유아들이 겪는 감정과 생각에 대한 알맞은 표현의 도구를 제공할 때 아이의 감정이 완화되는 것을 볼 수 있다. 아이가 바로 따라 말하지 않더라도 꾸준한 반복을 통해 서서히 행동보다 말로 표현할 수 있도록 도와야 한다. 아이가 짜증을 내거나 격한 행동으로 반응하기보다 "싫어.", "안 돼.", "하지 마.", "내 거야."라고 차분히 표현할 수 있도록 가르쳐야 한다. 그리고 감정을 존중해줘야 한다. 그래야 아이가 자신이 경험했던 그 감정을 다른 친구가 표현할 때 공감하고 이해하는 사람으로 자라는 것이다. 누구에게나 좋고 싫은 마음이 있음을 이해하고, 다른 사람의 소중한 물건과 시간을 존중해줄 수 있는 마음을 배우도록 말이다. 그러면 아이가 조금 더 성장했을 때 상대방을 배려하는 사려 깊은 표현들을 사용할 것이다.

이 시기의 "싫어."나 "하지 마."라는 표현은 이렇게 발전할 것이다. "이 음식은 나한테는 별로 맛이 없어.", "이게 망가지면 내 마음이 속상할 것 같아.", "그건 나한테 좀 불편해."

"안 돼." "내 거야."라는 표현은 이렇게 발전할 것이다. "아직 쓰고 있어.", "조금만 더 하고 줄게.", "너 먼저 해.", "먼저 하고 줘."

아이는 자신도 명확히 이해하지 못했던 자신의 욕구와 생각에 대한 공감을 얻을 때 더욱 주도적으로 문제를 해결할 힘을 기른다. "던지면 안 되지!"라고 다그치기보다 "잘 안 되는구나." 하고 자신의 마음을 읽어주는 표현을 들을 때 아이는 더 논리적으로 해결 방안을 찾아볼 마음의 준비를 한다. 무조건 아이의 짜증을 받아주거나 아이의 잘못된 행동을 허용하라는 것이 아니다. 이 상황에서 아이에게 가장 중요한 배움은 장난감을 던지면 안 된다는 것보다 원하는 대로 되지 않았을 때 어떻게 대처할 수 있는가이다. 이는 말로 도움을 구하거나 스스로 해결할 수 있는 방법을 찾아가는 것이다. 부모님은 이것을 아이에게 가르쳐주어야 한다. 아이의 감정이 격해지거나 짜증을 표출할 때 다음과 같은 과정을 거쳐보자.

- 왜: 지금 아이가 왜 짜증을 내고 있는가에 대해 생각해보자. 짜증의 근원을 찾으면 아이의 마음을 이해할 수 있다. 아이가 지금 겪는 문제에 대해 적절한 도움을 주게 된다.
- 무엇: 아이가 이 상황에서 뭐라고 말할 수 있을까를 생각해보자. '지금 아이가 자신의 생각을 말로 표현한다면 뭐라고 할 수 있을까?'라는 의문에 답이 나온다면 그 표현을 아이에게 직접적인 모델링으로 제시해준다. 공감하는 듯한 말투로 아이가 따라 할 만한 짧은 표현으로 이야기해준다. 부모님이 먼저 부드럽고 다정한 말투로 표현하는 것이 중요하다.

상황	왜 짜증을 낼까?	아이가 하려고 한 말은?	부모가 어떻게 도와줄 수 있을까?
장난감을 가지고 놀다가 잘 안 된다고 던짐.	장난감이 원하는 대로 되지 않아서	"잘 안돼!"	"도와줘?" "같이 해볼까?" "다시 해볼까?" "이렇게 해볼까?"
신발을 신다가 부모가 도와주니 발을 동동 구르며 짜증냄.	스스로 신발을 신고 싶어서	"○○(이)가 할래." "○○(이)가 하고 싶었어."	"○○(이)가 다시 한번 해보자." "도움이 필요하면 말해줘."
놀고 있던 장난감을 가져간 친구를 때리려고 함.	자신이 가지고 놀던 장난감을 양보할 준비가 되지 않아서	"○○(이) 거야!" "아직 쓰고 있어." "○○(이) 차례야."	"친구도 놀고 싶나봐." "같이 갖고 놀래?" "다 쓰고 준다고 말해주자."
형제자매가 놀이를 방해하거나 원하지 않는 행동을 할 때 격한 행동으로 반응함.	자신의 소중한 작품이 망가지는 것이 속상해서	"안돼." "하지 마." "만지지 말아줘." "소중한 거야."	"동생은 뭘 할 수 있을까?" "동생은 이걸 도와줘."
친구가 장난감을 뺏어감.	장난감을 가지고 놀고 싶어서	"○○(이)도 주세요." "○○(이) 차례야."	"친구 차례야!" "다 하고 주세요."
음식을 바닥에 버림.	입맛에 맞는 음식이 아니어서, 배가 불러서	"이거 아니야." "이거 안 먹어." "이거 빼 줘." "배불러." "다 먹었어."	(다른 그릇을 옆에 놔주며) "안 먹는 건 여기 넣어." (식탁을 치우며) "다 먹었다. 치우자."

- 어떻게: 지금 상황에서 아이가 겪고 있는 문제를 아이가 스스로 해결해나가는 방법을 고민해보자. 아마 아이의 기질이나 성향, 상황에 따라 각기 다를 것이다. 그때그때 상황에 맞는 적절한 대안을 제시하며 아이와 함께 방안을 찾아가야 한다. 아이의 문제를 직접 해결해주는 것이 아니라 아이가 무엇을 시도해볼 수 있을지 함께 논의하는 것이다.

때로는 아이가 감정을 다스릴 때까지 시간이 필요할 때도 있다. 그럴 땐 침착하게 기다려주자. 감정이 격해진 상황에선 어떠한 말도 잘 통하지 않기 때문이다. 아이가 친구를 때리거나 물건을 던지는 등 잘못되거나 위험한 행동을 했을 때는 분명히 짚고 넘어가야 한다. 때린 친구에게 사과하기, 친구와 놀이 차례를 지키기, 던진 물건을 다시 줍기 등 지켜야 할 사회적 질서와 한계는 일관되게 훈육해야 한다.

부모님은 해결사가 아니기에 모든 문제를 다 해결해줄 수는 없다. 이 시기의 아이들이 짜증을 내고 세상의 질서를 아직 모두 이해하지 못하는 것은 매우 자연스럽고 당연하다. 문제를 해결하지 못해 속상했던 경험들은 차곡차곡 쌓여 아이가 실패를 딛고 일어설 수 있는 탄력성을 길러줄 것이다. 이 모든 것을 배워가는 과정에서 부모님은 아이가 다양한 문제를 조금 더 지혜롭게 헤쳐나갈 수 있는 힘이 되어주어야 한다. 절대로 한두 번의 경험으로 다져지는 것이 아니다. 오랜 시간 꾸준하고 일관된 경험이 필요하다.

> **하루 1분 말 걸기**

감정 표현 유도하기

아이가 힘들어했던 상황을 떠올려보며 다음 표를 작성해보자.

상황	왜 짜증을 낼까?	아이가 하려고 한 말은?	부모가 어떻게 도와줄 수 있을까?

관련어로 어휘의 폭을 넓혀요

평소 말수가 적고 내향적인 성격의 어머님을 만났다. 이 어머님은 아이의 신호를 잘 알아차리고 아이의 의도를 읽고 긍정적으로 반응해줬다. 아이와 함께 책을 보며 아이가 강아지 그림을 가리키며 "강아지. 강아지 맘마." 하고 표현하면 엄마는 "강아지야. 강아지가 맘마 먹어요."와 같이 적절히 반응했다. 아이는 엄마의 반응을 듣고 모방하며 문장의 길이를 더해가는 모습을 볼 수 있었다. 이것만으로도 아이의 언어는 조금씩 확장되어가고 있었다.

나는 여기에 상호작용과 언어자극을 더욱 풍성히 해줄 방법을 알려드렸다. 부모님은 이미 아이의 표현을 완성된 문장으로 반응해주는 방법을 사용하며 문장의 길이를 늘려주고 있었다. 더 나아가 아이의 어휘의 폭을 넓혀주는 방법을 소개하려 한다. 아이에게 익숙한 '강아지'라는 단어보다 조금 더 세부적인, 혹은 연관된 어휘에 대해 말하는 것이다. "꼬리도 흔들어요.", "뼈다귀를 먹네", "강아지 엄마는 어딨지?" 등과 같이 말이다. 이렇게 아이의 표현에 여러가지 관련어를 추가하며 대화를 길고 풍성하게 이어갈 수 있다.

단어에 나뭇가지 붙여주기

낱말 조합 시기에는 표현의 길이도 길어지지만, 어휘의 종류도 다양해지는 시기다. 음식도 재료가 풍성할수록 맛있는 것처럼 언어 또한 어휘가 풍부할수록 표현이 풍성해진다. 즉, 더 다양한 낱말을 조합할 수 있게 된다. 아이의 어휘를 확장하기 위해서는 아이가 이미 알고 있고 단어에 나뭇가지를 붙여주는 방법이 효과적이다. 아이가 알고 있는 단어에 더욱 세부적인 표현, 또는 연관된 표현을 덧붙여주는 것이다. 이때 아이는 새로운 어휘와 표현을 이미 알고 있는 표현과 연관 지어 기억한다.

세부 어휘란 특정 사물의 세부적인 부분들을 말한다. 예를 들어 '자동차'의 세부 어휘로는 '문', '창문', '바퀴', '경적', '운전대' 등이 있다. 아이들은 어휘를 습득하는 초기 단계에 먼저 하나의 낱말을 비슷한 특징을 가진 여러 낱말에 적용하여 사용하는 특징을 보인다. 동그랗게 생긴 모든 사물을 '공'이라고 부르거나 고양이나 여우, 늑대와 생김새가 비슷한 동물들을 모두 '멍멍이'라고 부르는 현상이다. 그러다 아이가 다양한 어휘에 노출되고 경험이 쌓이면서 점점 단어를 세분화하여 각기 사물의 올바른 명칭을 배워나간다.

이러한 과정이 충분히 이루어지고 특정 낱말의 의미에 대한 명확한 이해가 형성된 후에는 더 세부적인 부분들을 배워나갈 수 있다. 낱말을 조합하는 시기에는 주요 낱말과 그 안에 속하는 세부 어휘를 조합하여 '자동차'라면 '바퀴', '강아지'라면 '다리'라고 표현할 수 있다. 이러한 세부적인 어휘는 주로 시각적인 단서가 필요해서 직접 만지거나 보면서 이야기하는 것이 좋다.

그림책을 보면서 아이가 주시하고 있는 그림을 가리키며 코끼리 '코', 코끼리 '다리', 코끼리 '귀'와 같은 어휘를 들려주거나 장난감을 가지고 놀면서 세부적인 부분에 스티커를 붙여주며 비행기 '날개', 비행기 '바퀴', 비행기 '모터' 등을 언급할 수 있다. 색칠공부를 좋아하는 아이와는 색칠하는 그림 속의 세부 어휘인 꽃잎, 꽃줄기, 꽃 뿌리에 대해 이야기해볼 수도 있다. 아이와 함께 거울을 보며 기존에 아이가 알던 신체 부위보다 좀 더 세부적인 부위들도 이야기해볼 수 있다. 턱, 이마, 볼, 팔꿈치, 손목, 발목, 무릎, 손가락을 말해볼 수 있다.

연관 어휘는 특정 어휘에 의미적으로 연관된 어휘들을 말한다. '자동차'에 연관된 어휘들로는 '소방차', '견인차', '경찰차', '택시', '헬리콥터', '주유소', '세차장', '주차장' 등의 명사나 '달리다', '멈추다', '세우다' 등의 동사도 있다. 주로 놀이 상황에서 다양한 연관 어휘를 들려주기 좋다. 자동차 놀이를 할 때 여러 중장비를 동원하거나 자동차가 갈 수 있는 다양한 장소에 가본다든지 아기 인형을 돌볼 때 아기 옷, 아기 머리, 아기 턱받이, 아기 젖병 등을 이야기하며 씻고, 자고, 먹고, 놀고 다양한 연관 행동을 수행할 수도 있다.

역으로 질문하기

표현하고 싶은 것이 많은 만큼 부족한 어휘도 많은 시기다. 이 시기의 아이들이 "이거."라는 표현을 사용하는 것을 자주 볼 수 있다. 예를 들어, 아이가 식탁에 있는 우유를 보고 "이거. 이거." 하고 말한다. 아마 아이가 우유를 더 마시고 싶어서 요구하고 있거나 "이것이 우유다."라는 것을 상대방과 공유하고 싶어서일 것이다. 우유갑 표면에 있는 그림을 보며 "여기 소 그림이 있어요."라고 말하는 것일 수도 있다. 많은 부모님은 우유를 얻고자 하는 아이의 의도를 알아채고 바로 우유를 건네주거나 "이거." 하고 아이의 말을 똑같이 따라 하며 필요를 채워주기도 한다. 아이가 그냥 여기 우유가 있다고 보여주려고 하는가 보다 하고 "응." 하고 무심하게 넘어가기도 한다.

그런데 아이들이 '이거' 또는 '으으(우유)'라고 표현하는 이유는 대부분 가리키는 대상의 이름을 정확히 모르기 때문이라고 볼 수 있다. 또는 알고는 있지만 마음이 급하거나 몸이 피곤하거나 완전히 습득된 표현이 아니기에 입 밖으로 빠르게 나오지 않는 경우다. 그럴 땐 다시 아이가 시도해볼 기회를 주기 위해서 역질문을 해볼 수 있다.

"이거? 이거 뭐야?"라고 물었을 때 아이가 "우유!" 하고 단어를 기억해낸다면 아이에겐 좋은 언어자극의 기회가 된 것이다. 만약 질문에도 계속해서 "이거."를 반복하거나 바로 단어를 내뱉지 못하면 그만큼 단어가 아이에게 익숙하지 않다는 신호이기에 바로 "우유!" 하고 단어를 모델링해주는 것이 바람직하다. '이것', '저것'과 같은 대명사를 구체적인 표현으로 대체해주는 것이다. 이처럼 평상시 아이가 사용하는 여러 대명사를 최대한 구체적인 표현으로 다시 말해줄수록 아이는 그만큼 자신에게 의미 있는 단어를 한 번 더 들을 기회를 얻는다.

더불어 아이에게 말을 걸 때 구체어를 얼마나 사용하고 있는지도 점검할 필요가 있다. 부모님은 "이것 좀 저기 놔줄래?", "여기 이거 가져가."와 같이 무심코 구체어를 대명사로 대체하여 사용하기 쉽다. 그럴 땐 의식적으로 조금 더 구체적인 표현으로 대체하여 표현하도록 노력해보자. "숟가락 좀 식탁에 놔줄래?", "○○(이) 물통 가져가."

함께 청소하기

아이에게 걸레를 하나 쥐여준다. 그리고 집 안 구석구석 돌아다니며 함께 청소한다. 식탁도 닦고, 소파도 닦고, 바닥도 닦고, 문과 창문 그리고 서랍이나 액자까지 집 안에 보이는 여러 물건과 가구 등의 이름을 들려줄 수 있다. 부엌에도 갔다가 화장실에도 갔다가 거실과 안방 등 집 안의 장소 이름도 들려줄 수 있다. 평소에는 잘 언급하지 않는 새롭고 다양한 어휘를 들려주기 좋은 루틴이다.

자연스러운 혼잣말을
들려줘요

　미국에서는 어딜 가든 운전을 하고 다녀야 한다. 운전할 때면 가끔 나도 모르게 나오는 버릇이 있다. 바로 혼잣말하는 것이다. "차가 막히네.", "무슨 노래를 들을까?", "주차 자리가 있나?", "저 차 나오나 보다!" 생각해보면 조금 우습지만 많은 사람들이 공감할 것이다. 뒤에 아이들을 태우고도 어김없이 나오곤 했다. 그러던 어느 날, 주차장에 주차하는데 뒷좌석에 있던 첫째가 말했다. "저기 차 나온다!" 평소에 아이가 듣고 있는지도 몰랐던 나의 혼잣말을 아이가 모두 듣고 있었다는 것을 새삼 느꼈다. 잇따라 아이들을 뒤에 태우고 운전할 때면 더욱 의도적으로 혼잣말하다 보니 아이들은 주변에 보이는 건물, 풍경, 구름의 모양과 방향 어휘인 '왼쪽', '오른쪽', '앞으로', '뒤로' 등 일상에서 흔히 언급되지 않는 표현을 배우는 시간을 가졌다.

부모님은 하루 종일 육아하며 관심을 온통 아이에게 쏟는다. 씻기고, 먹이고, 기저귀를 갈아주고, 놀아주고, 챙겨준다. 그러다 보면 자신도 모르게 아이를 중심으로 하루를 보내게 된다. 아이에게 말을 건넬 때도 아이가 중심이 된 이야기가 더 자연스럽게 나온다. "○○(이) ~했어?", "○○(이) ~했구나." 등 아이의 생각과 행동에 대해 이야기한다.

아이는 두 돌 이전에는 자기중심적인 사고로 인해 부모님이 생각이나 행동을 언급하더라도 큰 관심을 보이지 않는다. 언어와 표현이 늘어나고 인지가 발달함에 따라 타인에게도 서서히 시선과 집중을 돌린다. 그러면 부모님의 일상 속 활동과 생각에 대한 이야기도 들려줄 수 있다. 혼잣말하듯이 아이 앞에서 이야기하는 것을 '혼잣말하기 전략'이라고도 부른다. 예를 들면, 간식을 먹으며 아이에게만 간식을 주는 것이 아니라 부모님도 아이 옆에서 같은 간식을 함께 먹으며 경험을 말해줄 수 있다.

"엄마도 귤 하나 먹어야지.", "귤껍질을 까고.", "아이, 상큼해!", "귤이 차갑네.", "엄마 귤 하나 남았다!"

이런저런 상황을 아이가 이해할 수 있을 만한 언어 수준으로 표현해주는 것이다. 그러다 보면 어느새 아이도 똑같은 표현을 사용하여 자신의 경험을 표현하게 된다.

　일상 속 부모님의 활동과 경험을 아이가 가까이에서 함께 이야기하고 나누면서 아이는 자신의 주변 환경을 조금 더 넓게 관찰할 수 있다. 식사 시간에 보통 아이는 거실에서 놀다가 식탁에 밥이 차려진 후에 앉아서 먹기만 하면 되는 경우가 많다. 이때 아이가 할 수 있는 부분들을 찾아 상 차리는 동안 함께 대화하면 아이의 자조 능력과 언어 능력이 발달한다. 식탁에 아이가 컵과 수저를 놓고 밥상을 차리는 동안 부모님은 "자~ 반찬도 차리고.", "국도 금방 떠줄게요." 등의 간단한 혼잣말 한두 마디를 들려줄 수 있다.

　부모님은 아이가 스스로 생각하고 상호작용에 참여할 기회를 항상 열어두어야 한다. 만약 몇 마디를 던지고 아이와 눈을 마주치며 잠시 기다려줬음에도 불구하고 아이가 부모님의 말을 따라 말하지 않는다면 현재 부모님의 언어 표현이 아이의 수준에 알맞은지 점검해볼 필요가 있다. 아이가 이해하거나 표현할 수 있는 것보다 길고 복잡한 표현을 사용하고 있지 않은지, 아이에게 생소한 어휘를 너무 많이 사용하고 있지 않은지 돌아보자. 가능하다면 아이에게 익숙하고 아이가 이해할 수 있을 만한 표현을 사용해주는 것이 좋다. 주로 아이에게 익숙한 표현 두세 가지 이상에 생소한 표현 하나 정도를 곁들여주는 패턴을 추천한다.

　부모님이 경험하는 일거수일투족을 모두 다 말해주라는 것이 아니다. 한꺼번에 너무 많은 정보를 주면 남는 것이 적다. 일상을 함께 공유하는 시간에 부모님이 아이의 세상 속에 들어가는 것이 아니라 아이가 부모님의 세상 속에 들어올 수 있는 순간들을 열어주라는 것이다.

> **하루 1분 말걸기**
>
> **외출 준비하며 대화하기**
>
> 바쁘게 준비하는 상황에서는 많은 언어자극이 이루어지기 어렵다. 여유를 두고 외출할 때는 아이와 대화를 나눠볼 수 있다. 외출하며 아이나 부모님이 경험하는 수많은 일 중 일부라도 말로 표현해준다면 아이는 의미 있는 언어적 경험을 쌓게 된다. "가방도 챙기고 물통도 챙겨요.", "엄마 외투 입고 ○○(이)도 외투 입어요.", "엄마는 구두 신어야지.", "방 불도 끄고.", "문 열어주세요.", "엘리베이터 버튼 누르자.", "버스 정류장이 어딨나?", "버스가 아직 안 오네", "버스 왔다!" 혼잣말하듯이 부모님의 경험을 아이에게 들려주자.

조사를 더해서
문장을 완성해요

아이의 표현이 확장되면서 다양한 것을 스스로 표현하려 노력하는 모습을 보면 사랑스럽다. 너무 귀여운 나머지 아이의 귀여운 표현까지도 따라 말하게 된다. 표가 나지 않는데도 살짝 다친 부분을 보여주며 "손, 아야." 하고 말하면 "손, 아야. 어디 보자. 후!" 하고 받아준다. 먹기 싫은 음식을 보고 "빵 아니야." 하고 말할 때면 상황에 맞지 않더라도 그저 공감하며 "빵 아니야." 하고 수긍하게 된다.

아이의 표현을 그대로 다시 따라서 말해주는 것은 아이가 자신의 표현에 확신을 얻게 해준다. 아이가 각기 다른 두세 낱말을 스스로 조합하여 자신의 의사를 표현하기 위해 사용한 것은 정말 잘한 일이다. 아이가 낱말을 조합하기 시작하는 초기 단계에서 아이에게 확신을 주고 표현을 강화하려면, 아이의 표현을 따라 말하고 수긍하는 방법이 효과적이다.

그런데 아이가 일관적으로 낱말을 조합하여 표현하기 시작하고 다양한 낱말 조합을 이루는 시점에서는 방법을 조금 바꿔주는 게 좋다. 아이가 특정 낱말 조합을 이미 여러 번 사용했을 때도 적용할 수 있다. 이때는 아직 문법적인 요소들이 맞지 않을 것이다. 만약 아이가 내뱉은 표현이 의미적·문법적으로 아직 불완전한 형태라면 정확한 표현으로 다시 이야기해주면 된다. 이것을 '확장expansion'이라고 한다.

"손, 아야."라는 표현에서는 "손 아야 했어." 또는 "손 다쳤구나." 하고 완성된 문장으로 다시 말해준다. "빵 아니야."라는 표현은 빵을 먹지 않겠다는 의미이므로 좀 더 문법적으로 정확한 "빵 안 먹어." 또는 "빵 싫어." 같은 표현으로 다시 말해준다. 아이가 표현한 것의 의미를 그대로 유지하되 알맞은 문법 요소만 더해주는 것이다. 아이들이 낱말 조합의 단계에서 문법 요소들을 사용하기 시작하는 단계로 넘어갈 때 가장 자주 사용하는 형태들은 다음과 같다.

- 문장 어미: ~아, ~자, ~라
- 주격 조사: ~가
- 공존격 조사: ~랑, ~같이, ~하고, ~도

- 과거형 어미: (아, 어)ㅆ
- 미래형 어미: ㄹ

짧더라도 완전한 문장 형태로 반응하려고 하다 보면 자연스럽게 문장을 완성하는 문장 어미를 사용하게 된다. "곰돌이 잤어.", "곰돌이 안아줘요.", "곰돌이 밥 먹자.", "곰돌이랑 놀래."같이 말이다. 이와 같은 완성된 문장의 형태를 자주 듣고 접할수록 아이가 단순한 낱말 조합이 아닌 문장을 구성하여 사용하기 더욱 쉬워진다.

이 시기에는 유대감이 형성된 타인에게도 주의를 돌리기 시작하면서 주격 조사 '~가'를 자주 사용하게 된다. 'ㅇㅇ(이)가', '엄마가', '아빠가' 등 누가 무엇을 하느냐가 중요해진다. 따라서 아이가 스스로 도전해보고 싶은 것이 있는 상황에서 'ㅇㅇ(이)가'라고 표현해주고 또 아이가 부모님 또는 가까운 다른 사람들에게 행동을 요구하는 상황에서 "엄마가?", "아빠가?"라고 반응해줄 수 있을 것이다.

이 시기에는 사회 정서적으로도 타인과 함께 상호작용을 하고 관심사를 공유하고 싶은 욕구도 늘어난다. 따라서 '~랑', '같이', '~하고', '~도'와 같은 공존격 조사의 사용이 나타난다. 놀이터에서 엄마와 함께 놀고 싶을 때 "엄마.", "엄마 타.", "엄마 와."와 같이 말하기 시작한다. 이와 같은 상황에서 "엄마도?", "엄마도 같이 탈까?", "아빠랑 할래.", "아빠하고 가자."처럼 문법 요소를 더해주는 것이 좋다.

  동사의 사용이 잦아지며 과거형 또는 미래형 어미 또한 사용할 수 있게 된다. 아이는 주로 자신이 성취한 행동을 타인과 공유하려 하기에 '~했어' 같은 과거형을 사용한다. 아이들은 "열었어.", "닫았어.", "먹었어.", "뛰었어." 등 부모님에게 자랑하고픈 행동이 많다. 또한 방금 일어난 신기하거나 뜻깊은 일에 대해서도 부모님에게 공유한다. "아야 했어.", "쿵 넘어졌어.", "떨어졌어.", "부러졌어." 등 큰일이 난 것처럼 함께 공감해주며 과거형 어미를 자연스레 들려줄 수 있다. 이 시기에 미래형 어미는 주로 아이가 하고 싶은 것, 하고자 하는 것을 중심으로 나타난다. "○○(이)가 할래."라는 문장을 비롯하여 "마실래.", "먹을래.", "넣을래.", "뺄래.", "내릴래.", "올라갈래." 등 아이의 욕구를 표현할 때 자연스럽게 들려줄 수 있다.

> 하루 1분
> 말걸기

간식 시간에 '누가'와 '누구'를 질문하기

'~가', '~랑', '~하고'의 조사를 유도하기 좋은 방법을 소개한다. 바로 '누가'와 '누구'의 질문을 던지는 것이다. 미국에서는 아이들이 흔히 하는 가상 놀이 중 티 파티 tea party라는 게 있다. 인형을 동그랗게 앉혀놓고 함께 차를 마시는 놀이다. 이것을 간식 시간에 그대로 적용해볼 수 있다. 아이와 함께 간식을 먹을 인형들을 모아 오는 것이다. 먼저 아이에게 질문한다. "누구랑 같이 간식 먹을까?" 만약 아이가 "토끼!" 하고 한 낱말로 대답한다면 아이에게 "토끼랑." 하고 조사를 붙여서 반응한다. 아이가 아직 조사를 자발적으로 말할 수 없는 단계에서는 이처럼 조사를 문장의 끝으로 들려주며 더욱 강조할 수 있다.

인형이 몇 개 모이면 다시 질문한다. "우와! 친구들이 많이 왔네! 누구누구 왔어요?" 아이의 반응에 따라 "토끼하고, 기린하고, 거북이하고." 같은 반응으로 조사 '~하고'를 들려줄 수 있다. 또 계속해서 파티를 진행하며 차를 따라주거나 컵을 나눠주는 것, 간식을 배분하는 것 등 여러 과정을 누가 할지 질문할 수도 있다.

"누가 컵을 나눠줄까요?", "○○(이)가!"
"누가 간식 나눠줄까요?", "토끼가!"
"누가 차를 따라줄래요?", "거북이가!"

질문과 코멘트를 번갈아 하면 대화가 풍부해져요

아이들은 보이는 것마다 "이거 뭐야?" 하고 수없이 질문을 반복하는 시기가 있다. 똑같은 대답을 여러 번 해줘도 계속해서 똑같은 질문을 반복한다. 그다지 대답이 궁금한 것 같지 않아 보이는데도 일단 포인팅하며 질문을 반복한다. 처음엔 정성스레 잘 대답해주다가도 반복되는 "이거 뭐야?"라는 질문에 얼렁뚱땅 넘어가기도 한다.

아이들은 왜 똑같은 질문을 반복하는 것일까? 최근 한 하버드대학 졸업생의 기사를 보았다. 요즘 하버드 대학생들은 공부할 때 챗GPT를 활발히 사용하는 추세라고 한다. 그런데 대부분 챗GPT를 사용하는 목적이 배움이 아니라 숙제를 빨리 해결하기 위해서라는 것이다. 정말 궁금해서 묻는 게 아니라 과제를 완성하기 위해 사용하기 때문에 사실상 학업 과제를 통해 배우는 것이 더 줄어든 셈이다. 이것을 보며 앞으로는 배움에 대한 욕망과 궁금증을 잃지 않는 아이들이 차세대 리더가 되겠구나 싶었다.

연구에 의하면 IQ에 상관없이 어렸을 때 궁금증이 많고 배우는 것을 좋아했던 아이들이 성적과 대학교 진학률이 더 높았으며, 대학원까지 갈 확률도 더 높았다.[19] 그만큼 아이들은 질문을 통해 세상을 배워나간다. 끊임없이 세상에 대한 궁금증을 해소할 수 있도록 도와줘야 한다. 궁금해야 배울 수 있다. 따라서 아이들이 질문을 듣고 이해하는 능력뿐만 아니라, 무언가에 대한 질문을 계속해서 던질 수 있도록 유도해야 한다.

아이들이 끊임없이 질문하는 이유는 새로운 것을 경험할 때 오는 불확실함 때문이다. 단순히 부모님의 관심을 끌기 위해서가 아니다. 더 많은 정보를 얻고 새로운 무언가를 배우기 위해서다. 새로운 정보에 대한 확신을 얻을 때까지 반복하는 것이다. 아이의 질문을 무시하거나 대충 대답할수록 아이는 그만큼 배움의 기회를 놓치고 만다. 아이는 질문하는 것에 흥미를 잃고, 질문하는 횟수가 줄어들 것이다. 더 나아가 배움에 대한 궁금증을 서서히 잃어버리게 된다. 아이가 던지는 질문에는 적절히 대답하도록 노력하는 것이 좋다.

함께 책을 읽으면 알아요

두세 낱말을 조합하여 표현하기 시작하는 아이들은 주로 다양한 사물과 사람을 명명할 수 있게 되고 몇 가지 동작어를 익혔을 것이다. 그렇다면 차차 간단한 질문에도 응답할 수 있다. '어디'에 대한 질문이나 선택권을 주는 질문, 또는 '예', '아니오'로 간단히 대답할 수 있는 능력을 먼저 습득한다. "나비 어딨어?"라는 질문에 나비를 손가락으로 가리키고, "물? 아니면 주스?"와 같은 선택권을 주는 질문에도 제스처 또는 단답형으로 대답할 수 있다.

그 후로는 늘어나는 표현언어와 함께 "이게 뭐야?", "누구야?", "뭐해?"와 같은 조금 더 구체적인 구어 표현을 요구하는 질문들에도 대답할 수 있게 된다. 아이와 함께 책을 읽다 보면 아이가 어떤 질문에 응답할 수 있는지 정확히 알 수 있다. 아이에게 익숙한 그림을 가리키며 "이게 뭐야?" 하면 "사과!", "이건 누구지?" 하면 "어흥, 사자." 그리고 "사자가 뭐해?"라고 물으면 "맘마 먹어."라고 대답한다.

만약 아이가 질문에 대답을 잘 하지 않는다면 둘 중 하나다. 현재 관심사가 아니든지 아니면 질문에 어떻게 대답해야 할지 모르는 것이다. 만약 아이의 관심이 다른 곳에 있고 부모님의 질문에 관심이 없다면 아이의 주도를 따라야 한다. 하지만 만약 아이가 질문에 어떻게 대답해야 할지 모르는 경우라면, 질문 후 잠시 기다렸다가 대신 대답을 들려주는 방법을 사용해볼 수 있다.

예를 들어 산책하며 주변에 있는 흥미로운 것에 대해 "이게 뭐지?"라고 아이에게 질문한다면 먼저 약 3~5초 정도 멈추어 아이의 반응을 살핀다. 만약 기다렸는데도 아이가 대답하지 않는다면 "나비네!" 하고 대신 대답을 들려주는 것이다. 질문에 대한 답을 즉각적으로 듣는 반복적인 경험을 통해 아이는 '아, 이런 질문에는 이런 대답을 하는구나.'라는 인식이 생긴다.

아이가 질문에 대답하는 방법을 알려주는 또 다른 방법은 문장이나 단어의 첫소리 힌트를 주는 것이다. 가족사진을 함께 보며 "이거 누구야?"라고 질문한다고 가정해보자. 만약 잠깐 기다려도 아이가 대답하지 않는다면 "이거는 엄마. 이거는?"과 같이 문장 힌트를 줄 수도 있고, 또는 기다리는 답이 '아빠'라면 "아…" 하고 단어의 첫소리를 들려주며 아이가 채우도록 기다려볼 수 있다.

질문과 코멘트를 번갈아 사용하는 것을 추천한다. "이게 뭐야?", "이거는?", "이건 누구야?" 이렇게 질문만 연달아 아이에게 던진다면 아이에게는 주고받는 대화라기보다는 퀴즈처럼 느껴질 수 있다. 그리고 정답을 말해야 할 것 같은 부담이 늘어난다.

부모: "이게 뭐야?"
아이: "사자!"
부모: "사자. 이건 뭐야?"

아이: "호랑이!"
부모: "이건 뭐야?"
아이: "…."
부모: "악어! 이거는?"

아이들이 의사소통을 할 때 부담이 늘어나면 오히려 발달이 저해된다. 따라서 최대한 자연스럽게 주고받는 대화의 형태를 유지해주도록 노력해야 한다.

부모: "우와~ 이게 뭐야?"
아이: "사자!"
부모: "그러네, 사자네!"
　　　"어! 여기 호랑이도 있다!"
아이: "여기 악어!"
부모: "오~ 악어네! 큰 악어."
　　　"어? 이건 뭐지?"
아이: "기린!"

아이가 수동적으로 질문에 대답만 하는 것을 넘어 세상에 대한 궁금증을 가져야 한다. 아이에게 같은 질문을 하더라도 새로운 것을 찾아가는 과정을 함께하는 것을 목표로 질문을 던진다면 소통의 풍성함이 달라진다. 그러기 위해선 부모님의 적당한 연기도 필요하다. 당연히 아는 답도 모르는 척 궁금해하고 아이가 알고 있던 답을 제시해도 "와, 그러네."와 같은 마음으로 신기해하는 반응이 필요하다.

네 걸음 언어자극

짧은 문장으로 말할 수 있어요

아이가 스스로 어휘력을 쌓아가는 말 걸기

시간과 순서를 알려줄 수 있어요

 2단계 지시사항을 이해하는 아이들은 이전보다 더 긴 문장을 이해할 수 있다. 2단계 지시사항이란 '2가지 사물을 기억하고 가져오는 것'과 '두 단계의 문장을 이해하고 수행하는 것'이다. 아침에 일어나 "침대 정리하고 아침 먹자."라고 하면 바로 이해하고 침구를 정리한 뒤 식탁에 앉는다. "우리 이따가 어린이집 끝나고 도서관 갈까?"라고 하면 신이 나서 등원한 뒤, 어린이집을 마치는 시간에 맞춰서 데리러 가면 엄마 얼굴을 보자마자 "우리 도서관 갈 거야?" 하고 묻는다. 맥락이나 예상에서 벗어난 문장들을 이해하고 지금 눈앞에 있지 않은 것에 대한 이해도가 높아진 것이다. '지금', '이따가', '먼저', '그다음에' 같은 간단한 시간과 순서의 개념을 이해할 수 있는 단계다. 이러한 언어발달이 어우러져서 더 많은 일상생활의 규칙과 질서를 이해하고 배워갈 수 있게 된다.

생활 규칙을 가르칠 수 있다

2단계 지시사항으로 생활 규칙을 배울 수 있게 돕는 방법은 다음과 같다. 첫째, 2가지 사물을 기억하는 연습을 하는 것이다. 전 단계에서 아이가 다양한 사물을 분별하고 이해하는 요령을 배웠다면, 이제는 2개의 사물을 기억하여 찾아낼 수 있다. 일상생활이나 놀이에서 아이가 2가지 사물을 기억하도록 유도해보자. 이러한 경험은 아이에게 앞으로 더욱더 유용해질 작업기억(들은 정보를 행동하기까지 단기간 기억을 하고 수행할 수 있는 능력)을 알려준다. 예를 들면 다음과 같다.

"숟가락이랑 포크 좀 가지고 올래?"
"우리 토끼랑 곰돌이 인형 가지고 놀자."
"양치하려면 치약이랑 칫솔이 필요하네."

둘째, 어떤 목적을 위한 방법을 제시하는 것이다. 이 시기의 아이는 무언가를 어떻게 하느냐에 대한 이해가 늘어나며, 먼저와 다음의 순서 개념을 이해하기 시작한다. 이것을 통해 추후 '어떻게'

라는 질문도 이해하고 대답할 수 있게 되는 것이다. '먼저', '그다음에' 또는 '~하고 ~하자', '~하면 ~하자' 같은 표현처럼 2단계의 순서와 방법을 제시해보자. 예를 들면 다음과 같다.

"먼저 손 씻고 그다음에 간식 먹자."
"양말 먼저 신고 그다음에 바지 입자."
"우리 다 먹고 손 닦자."
"먼저 가위로 자르고 그다음에 풀로 붙여보자."

셋째, 목적의 간단한 이유를 설명해주는 것이다. 이 시기에 아이는 상황의 이유나 원인에 대해 조금씩 이해할 수 있다. 꼭 2가지 지시가 아니더라도, 지시에 대한 이유를 간략히 설명하며 수행할 수 있는 동기를 불어넣어준다. 더불어 긴 문장을 이해하고 기억하여 수행할 수 있는 능력 또한 길러준다. 단, 장황하지 않게 최대한 짧고 간결한 문장으로 설명해야 한다. '~하니까 ~하자', '~해서 ~거야' 같은 표현을 사용할 수 있다. 예를 들면 다음과 같다.

"이 포크는 너무 크니까 작은 포크를 쓰자."
"여긴 위험하니까 손잡고 가자."
"다른 사람들 시끄러우니까 조용한 목소리로 말하자."
"물 흘릴 수도 있으니까 컵은 식탁 위에 놔두고 가자."

지시사항이라고 해서 지시적으로 표현해야 하는 것은 아니다. 아이가 다양한 2단계의 표현을 듣고, 이해하고, 기억하고, 수행할 능력을 키우도록 도와준다고 생각하면 된다. '하자', '해야겠다', '해줄래?', '해보자' 같은 표현으로 아이와 한 팀이 되어 과제를 수행하는 것이다.

아이가 한 번에 알아듣게 하려면

"우리 아이는 한 번에 말을 안 들어요." 이렇게 말하는 부모님들의 아이들을 잘 살펴보면 지시 자체를 못 듣거나 제대로 이해하지 못한 경우가 많다. 주위 환경에 아이의 시선이나 관심을 끄는 방해 요소들이 많거나, 현재 집중하고 있는 활동으로부터 부모의 말로 주의를 전환하는 능력이 미숙하다. 또는 긴 문장이 아직은 버거워 어디서부터 어떻게 해야 할지 엄두가 나지 않아 회피하는 모습을 보이기도 한다. 그래서 때로는 2단계 중 일부만 따르기도 한다. 이때 부모님이 버럭 화내거나 감정적으로 반응하면 아이가 청각적 정보를 처리하는 데 제대로 도움을 주지 못할 뿐더러 아이의 협조를 얻는 것도 어려워진다. 차분한 태도로 아이에게 가이드를 제시한다면 성공률은 높아진다. 다음과 같은 방법들을 아이에게 시도해볼 수 있다.

- 주의를 끈 후 아이의 눈높이에서 눈을 마주치며 말하기
- 멀리서 말로만 지시하기보다 옆이나 가까운 곳에서 말하기
- 손가락을 꼽으며 순서대로 하나씩 짚어주기
- 손짓, 동작, 표정으로 단서 제공하기
- 천천히 차근차근 말하기
- 짧고 간략한 표현으로 말하기
- 나눠서 하나씩 수행하도록 도와주기
- 지시한 후 생각할 시간 충분히 주기
- 행동 순서의 선택권 주기
- 말하고자 하는 것을 직접 보여주기
- 행동 수행 후 미소, 엄지 척, 하이파이브, 칭찬 등 긍정적으로 반응해주기
- 사진 또는 그림 카드를 활용해 먼저 할 일과 다음에 할 일을 보여주기

냉장고 정리하기

마트에 갔다 와서 아이와 함께 장바구니를 정리해보자. 아이가 좋아하는 음식부터 차근차근 정리를 부탁해보면 의외로 신나서 참여하는 모습을 볼 수 있다. "○○아, 딸기 꺼내서 냉장고에 넣어줄래?", "당근이랑 포도도 꺼내주세요.", "감자는 바구니에 넣고 두부는 냉장고에 넣자.", "과자도 꺼내서 찬장 안에 넣어주세요.", "달걀은 먼저 꺼낸 다음에 통에 담자.", "아이스크림은 녹을 수 있으니까 빨리 냉동고에 넣자.", "우리 과일 씻어서 간식으로 먹을까?"

많은 격려와 칭찬으로 반응해준다면 아이는 더 힘이 나서 열심히 참여한다. 다시 하고 싶은 즐거운 놀이로 자리 잡을 수도 있다. 이러한 성공적인 언어 이해의 경험이 쌓이면 비슷한 문장 패턴의 생활 규칙을 이해하는 데 도움이 된다.

사고력이 자라는 열린 질문을 던져요

"이거 봐, 엄마!" 아이가 블록으로 멋지게 탑을 쌓고는 엄마한테 자랑한다. "우와, 멋진 탑이네!" 일반적으로는 이쯤에서 대화가 끊긴다. 그런데 여기서 아이의 표현력과 사고력을 더 확장하는 방법이 있다. 바로 '열린 질문'을 던지는 것이다.

"어떻게 한 거야?"

"어떻게 만들었어?", "어떻게 이렇게 높이 쌓은 거야?" 열린 질문이란 아이가 문장형으로 답할 수 있는 질문이다. 조금 더 깊이 있는 생각을 요구하고, 답이 정해져 있지 않다. 반대로 '닫힌 질문'

은 아이가 단답형으로 짧게 대답할 수 있거나 답이 이미 정해진 질문이다. "이게 뭐야?", "뭐 만든 거야?", "누구 집이야?" 같은 질문이다. 물론 이런 질문도 아이와의 대화를 여는 충분히 좋은 질문이 될 수 있지만, 더 나아가 열린 질문을 던지는 것은 아이의 표현을 더 길고 정교하게 확장해주는 효과가 있다.

아직은 '어떻게'라는 질문에 답하는 법을 배워가는 첫 단계에 있을 것이다. 처음엔 많은 단서와 도움이 필요할 수 있다. "제일 먼저 뭐 했어?", "그다음엔 어떻게 했니?" 같은 섬세한 질문으로 대답을 쪼개서 말할 수 있도록 유도한다. 그럼 아이는 이렇게 대답할 것이다. "먼저 이걸 이렇게 밑에 쌓고, 그다음에 이 블록들을 위에 차곡차곡 쌓았어."

문장이 발달하는 시기에 '어떻게' 같은 질문과 더불어 '왜'라는 질문 또한 늘어나게 된다. 아이에게 '왜'라는 질문을 던지면 얼추 대답하기 시작한다. 이 시기의 아이는 '~해서', '~하니까' 같은 연결어미를 사용하여 대답할 수 있다.

"이 친구는 왜 탑 안에 들어간 거야?"라고 물으면 "이게 친구 집이라서 안에 들어간 거야."처럼 자연스럽게 문장으로 대답이 돌아온다. 일상 또는 놀이 상황에서 아이와 함께 상호작용을 하며 수시로 '어떻게' 또는 '왜'의 질문을 던져 아이의 사고력을 높일 수 있다.

> "어떻게 하면 좋을까?"

또 다른 열린 질문으로는 문제 해결법에 대해 스스로 생각해 볼 수 있는 질문을 던지는 것이다. 만약 블록을 쌓다가 와르르 무너졌다고 가정해보자. 열심히 쌓은 소중한 탑이 무너져서 속상한 아이에게 뭐라고 말해줄 수 있을까? "괜찮아, 다시 쌓으면 되지!", "엄마랑 아까처럼 다시 해볼까?", "원래 탑은 무너지고 그러는 거야. 속상할 필요 없어!" 부모님의 의도는 어떻게든 아이의 마음을 진정해보려거나 상황을 무마시키는 것이다. 하지만 이러한 위로가 쉽사리 잘 통하지 않는다는 것을 이미 알고 있다.

반면 아이가 스스로 문제를 해결할 방법을 고민할 수 있도록 열린 질문으로 유도한다면 이렇게 말할 수 있다. "탑이 무너졌구나. 어떻게 하면 좋을까?" 그리고 잠시 멈추어 아이가 감정을 추스르고 스스로 생각해볼 수 있는 시간을 충분히 제공한다. 아이가 스스로 방법을 찾는 것이 어렵다면 다음처럼 선택지를 제공할 수도 있다.

- "다시 도전해볼래?" (아이 주도)
- "엄마랑 같이 해볼래?" (협력)
- "아빠의 도움이 필요해?" (양육자 주도)

아이가 밥을 먹다가 식탁에 물을 엎질렀다. "○○아, 조심해야지!"라고 버럭 화내기보다는 아이에게 주도권을 양도하는 것이다. "물이 쏟아졌네. 어떡하면 좋을까?" 있는 그대로의 상황을 이야기하고 기다려본다. 어금니를 꽉 깨물고 "나는 답을 알지만 네가 대답해 봐."라는 식으로 벼르는 말투가 아니라 "같이 한번 생각해보자." 같은 긍정적인 태도로 다가가는 것이다. 문제가 일어난 순간 부모님에게 혼날까 봐 눈치를 살피는 것이 아니라, 적극적으로 문제를 파악하고 해결 방법을 고안할 수 있도록 방향을 제시해 주는 것이다.

아마 아이의 머리가 빠르게 돌아가는 모습을 볼 수 있을 것이다. 흘린 것을 닦는 부모님의 모습을 여러 번 봐온 아이는 "닦아야 해!" 하고 휴지를 가져와 자신이 직접 닦으려 하거나 부모님에게 닦아달라고 요청할 수 있다. 아직 어떻게 해야 할지 잘 몰라 당황하는 아이도 있을 것이다. 그럴 땐 부모님이 휴지를 가리키거나 "뭐가 필요할까?"처럼 힌트를 준다. 만약 충분히 생각할 시간을 준 후에도 아이가 대답하지 못한다면 부모님이 먼저 "휴지로 닦아야겠다.", "다음에는 쏟지 않게 컵을 안쪽에 놔두면 어떨까?"와 같이 여러 방안을 제시할 수 있다. 중요한 것은 아이에게 **스스로 생각할 기회를 충분히 제공하는 것**이다.

이러한 과정을 통해 부모님은 아이에게 '물을 쏟았을 땐 닦아야겠다.' 또는 '블록이 무너졌을 땐 다시 차근차근 쌓아볼 수 있다.'

라는 생각의 연결고리를 만들어준다. 이것은 아이의 사고력과 독립심을 키워줄 뿐만 아니라 문제 해결에 필요한 비판적 사고력을 키워주는 과정이다. '~할 때는 ~해야 한다', '~하기 위해서는 ~가 필요하다'와 같은 독립적 사고를 길러주는 셈이다. 이런 과정에 익숙해지고 나면 "어떡하면 좋을까?"와 같은 질문을 던지기도 전에 아이는 휴지를 가져와 스스로 닦고 있을 것이다. 또는 물을 쏟으면 일어나는 결과에 대해 인지한 아이는 점점 더 조심하려고 노력하게 된다.

음식을 먹다가 손이 더러워졌을 때, 세수하다가 옷이 젖었을 때, 장난감이 없어졌을 때, 밖에 비가 올 때 바로 아이의 문제를 해결해주는 말이나 행동을 하기 전에 먼저 "어떡하면 좋을까?"의 질문으로 해결 방법을 함께 생각해보는 시간을 가져보자. **아이의 필요를 바로바로 채워주는 것이 익숙한 부모님이라면 잠시 행동을 멈추고 기다려보는 연습이 필요하다.** 아이의 감정이 지나치게 고조된 상황이라면, 그 순간 아이에게는 언어자극보다 감정을 조절할 수 있는 도움이 더욱 절실할 것이다.

인형 놀이

인형 놀이는 아이가 다양한 문제를 해결하고, 비판적 사고를 확장하기에 매우 유용하다. 언어치료 수업에서 인형 놀이를 하며 가장 많이 사용하는 표현은 "이런, 어떡하면 좋을까?"이다. "아기가 배고파서 울고 있어. 어떡하면 좋을까?"와 같은 질문을 던지면 어떤 아이는 "여기 피자 줄게!"라며 음식 장난감을 주기도 하고, "자, 여기 우유!" 하고 젖병을 물려주기도 한다.

인형의 집 문 앞에서 아이에게 "문이 닫혀 있어! 어떡하지?" 하고 기다려보면 어떤 아이는 "내가 열어줄게! 영차영차." 하고 열어보려 하고, 어떤 아이는 "똑똑, 거기 누구 없어요?" 하고 문을 두드려보기도 한다. 가상의 놀이 속에서 다양한 문제 상황을 만들어보고 아이가 자유롭게 여러 방식으로 문제를 해결해볼 수 있도록 기회를 주는 것이다. 터무니없는 방법이라도 상관없다. 아이가 제시한 방법대로 상황을 따라가다 보면 아이도 자연스럽게 결과를 이해하고 스스로 방법을 수정해보기도 한다.

문장을 완성하도록
천천히 기다려줘요

　강아지가 산책하다가 옆을 지나가는 아이를 향해 짖었다. 깜짝 놀란 아이는 아빠에게 상황을 설명하려 한다. "아빠! 강아지가… 강아지가… 어… 어… 갑자기… 멍멍! 멍멍! 했어. 크게! 크게 멍멍 그랬어!" 아이들이 스스로 문장을 형성하여 표현하는 이 시기에는 언어와 생각이 풍부해지면서 표현하고 싶은 것들도 점점 다양해진다. 이전보다 더 많은 양의 어휘를 뇌의 저장소에서 골라 사용한다. 적절한 어휘를 선택해 더 길고 복잡한 문장을 만들어나간다. 더 길고 복잡해진 생각들을 다 전달하기 위해 다양한 문법 형태소들도 적절히 덧붙여야 한다. 단순한 변화로 보이지만 복잡한 발달 과정이라고 볼 수 있다.

조사를 틀릴 때 데이터를 쌓아주자

이 시기에는 문법을 많이 틀린다. 여러 문법형태소를 사용하기 시작했지만 아직은 배워가고 있는 단계다. "발이가 아파.", "우리 같이 먹으자." 같은 조사와 어미의 오류 또는 "아직 안 다 했어." 같은 어순의 오류가 흔히 나타난다. 문법 체계를 하나하나 배워가면서 어떤 규칙을 어디에 어떤 순서로, 어떤 소리의 패턴 속에 적용할지 데이터를 쌓아가는 단계다. 데이터를 많이 쌓아줄수록 더 효과적으로 문법 체계를 이해할 수 있다. 즉, 다양한 문법에 자주 노출될수록, 이후 다양한 문법을 더 정확히 사용할 수 있다. 따라서 아이와 가장 깊고 넓은 대화를 나누는 부모님의 역할이 중요하다.

"발이가 아파." 아이가 표현한 말에 "그랬어? 어디 보자."와 같은 반응은 아무 반응도 하지 않는 것보다는 낫지만, 오류 표현을 아이가 스스로 다질 기회는 주지 않는다. "'발이가'가 아니라 '발이 아파'야."라고 직접 오류를 지적하고 수정한다면 대화의 흐름을 끊을뿐더러 아이에게 소통에 대한 불편함을 조성하게 될 것이다. 가장 효율적인 방법은 아이가 표현한 문장을 그대로 정리하여 다시 말해주는 것이다. 아이가 하고자 하는 말을 공감하듯 다시 표현해주는 것이다. "○○(이) 발이 아파? 어디 한번 보자." 오류 부분을 조금 더 길게 늘여서 강조하여 들려주어도 좋다.

"우리 같이 먹으자."라는 아이에게는 "그래. 우리 같이 먹자."라고 반응한다. 또 "아직 안 다 먹었어!"라고 하는 아이에게는 "아직 다 안 먹었구나."라고 말해줄 수 있다. 아이는 자신이 내뱉었던 말과 돌아온 반응 속 표현이 자연스럽게 대조되어 스스로 자신의 표현을 수정할 수 있다. 물론 아이의 오류 표현을 매번 다시 말해주는 건 아이도 어른도 매우 피곤한 일이다. 아이와 대화를 풍성히 이끌어갈 수 있을 만한 한두 번의 좋은 기회를 노려보자.

아이에게 더 많은 데이터를 쌓아주고 싶다면 오류가 있었던 표현의 올바른 표현을 여러 문장의 형태로 자연스럽게 반복적으로 들려줄 수도 있다. "○○(이) 발이 아픈지 몰랐네.", "발이 아직도 아파?", "이제 발이 다 나았네!" 같은 다양한 문장 표현을 만들어보자.

'잘' 말하기보단 '의미 있게' 말하기

이 시기의 아이들에게는 하고 싶은 표현을 생각해내는 데 긴 시간이 필요하다. 따라서 아이가 표현하고자 하는 문장을 완성할 때까지 부모님이 기다려주는 것이 매우 중요하다. **아이의 말을 중간에 끊거나 대신 말해주는 것은 피해야 한다.** 대체로 아이가 문장을 마치고 약 2~3초 정도 기다렸다가 반응해주는 것이 좋다. 아이가 표현하는 동안에는 아이의 눈높이에서 눈을 마주치며 경청하는 자세를 취하는 것도 아이의 마음을 편안하게 해준다. 가끔 마음이 급한 부모님은 "똑바로 다시 말해봐.", "더듬지 말고 말해봐." 같은 말로 아이의 말투를 수정하려 한다. 하지만 이와 같은 반응에 아이가 더욱 긴장해 스스로 언어를 다져가기 어렵다.

아이가 말을 잘하게 하는 것보다 아이와 의미 있는 대화를 나누는 것이 중요하다. 아이들은 자신감을 가지고 편안하게 대화 내용에 집중할 수 있을 때 자유롭게 자기 생각을 표현할 수 있다. 따라서 아이의 말투, 문법, 발음의 오류에 신경 쓰거나 지적하기보다는 아이의 대화 내용에 집중하며 내용 자체에 반응하도록 노력하는 것이 필요하다. 부모님이 먼저 천천히 느긋한 대화를 들려줄 때 아이도 충분히 생각하며 표현할 수 있다.

말더듬은 조기 진단이 중요하다

아이가 말을 더듬는 것은 표현하고자 하는 과정에서 적지 않게 일어난다. 이 시기의 말더듬증은 연구에 따르면 75~80%가 자연스럽게 사라진다. 다음과 같은 말더듬은 정상적인 발달 과정으로 점차 사라질 가능성이 크다.

- 단어나 어절을 반복한다. "엄마 엄마 엄마는…", "사자가 사자

가…"
- 간투사를 반복한다. "그…", "어…", "음…", "아…"
- 말할 때 긴장하거나 몸에 힘이 들어가지 않는다.
- 너무 신나거나 피곤하거나 마음이 급할 때 심해진다.
- 가족력이 없다.
- 6개월 이상 지속되지 않는다.

하지만 말더듬증이 지속되는 경우도 있다. 다음과 같은 증상들은 말더듬이 지속될 가능성이 있다.

- 단어의 첫소리나 음절을 4번 이상 반복한다. "엄엄엄엄엄마", "ㅅㅅㅅㅅ사자"
- 첫소리를 내려고 하는데 나오지 않는 것처럼 멈추거나 길게 소리를 낸다. "ㅇ…엄마", "ㅅ…사자"
- 아이의 표정이나 몸에 힘이 들어간다. 눈 깜박, 표정 찡그림, 고개나 손, 몸의 부자연스러운 움직임 등을 보인다.
- 말할 때 긴장하거나 예민해진다.
- 말을 더듬을 때 목소리 톤이나 성량이 높아진다.
- 아이가 신나거나 피곤하지 않아도 수시로 나타난다.
- 말하는 상황을 회피하거나 말이 잘 나오지 않아 힘들어하는 모습이 보인다.

- 가족력이 있다.
- 만 3세 반 이후에 말더듬이 시작되었다.
- 6~12개월 이상 말더듬이 지속된다.

부모님의 말과 행동이 아이가 말을 더듬게 하는 직접적인 원인이 되지는 않지만, 부모님의 대응이 아이의 말더듬증을 발달 과정으로 지나가게 할 수도 있다. 만약 지속된 말더듬증이 의심된다면 속히 가까운 기관이나 센터에서 언어재활사와 상담을 받아보는 것을 권유한다.

> **하루 1분 말걸기**
>
> **영상 시청하며 대화 나누기**
>
> 영상을 통한 언어습득의 효과를 최적화해주는 방법은 영상과 관련된 실질적인 대화다. 부모님이 아이와 함께 영상을 시청하며 대화를 주고받는 것이 아이가 수동적으로 영상을 시청만 하는 것보다 어휘나 언어습득에 훨씬 효율적이다. 그뿐만 아니라 아이의 흥미도가 높은 주제의 대화이기에 아이도 할 말이 많아진다. 영상에 관련된 대화를 함께 나누며 아이의 문장이 형성되기를 천천히 기다리는 연습을 해보자. 영상에서 보이는 상황에 대한 코멘트를 남기기도 하고 아이에게 간단한 질문을 던져보며, 아이의 실생활과 연결 지어 아이와 대화의 물꼬를 터보길 바란다.

아이에게 수준 높은 낱말을 사용해요

　두 아이와 함께 간식을 먹을 때였다. 언어 수준이 다른 2살 터울의 아이들에게 각기 다른 표현을 사용하고 있는 내 모습을 새삼 발견했다. 만 3세인 첫째에게 "먼저 귤 껍질을 까고 반으로 쪼개요." 길고 복잡한 문장 표현을 사용하다가도 돌이 지난 둘째에게 돌아서선 "까줘?" 하며 둘째가 이해하고 따라 할 수 있을 만한 표현을 사용했다. 그러면 또 첫째는 "나도 혼자 껍질 깔 수 있어!", "나는 이렇게 반으로 쪼갰어."와 같이 반응하는 반면 둘째는 얼추 가까운 표현으로 "죠!" 하고 모방을 시도하곤 했다. 만약 첫째에게 둘째에게 한 말을 사용했다면 별다른 언어자극이 되지는 않았을 것이다. 또 둘째에게 첫째에게 했던 표현을 사용했다면 아이가 이해하지 못해 어떠한 반응도 얻지 못했을 것이다. 아이들의 발달 시기에 따라 아이에게 필요한 언어자극에는 분명한 차이가 있다.

유아어에서 고급 표현으로

아이가 두 걸음 단계에서 세 걸음 단계로 넘어가며 한창 어휘량을 늘리는 시기에는 복잡하고 정교한 뜻을 가진 어휘보다는 일상에서 자주 사용하는 단순한 어휘를 많이 습득한다. 반면, 일상 어휘량이 어느 정도 늘어나고 더 긴 문장을 표현하는 시기에는 어휘의 종류가 다양해지고 어휘력이 쑥쑥 자란다. "맘마 먹을래." 또는 "빠방 가지고 놀래." 같은 표현들이 아이에게 어울리지 않는 것이 정상이다. 이전에는 잘 먹히던 패런티즈의 목소리도 조금 어색하게 느껴지기 시작한다. 모두 아이를 향한 언어자극 표현이 조금씩 바뀌어야 한다는 신호다.

이 시기에는 아이의 인지와 사고의 확장에 따라 어휘의 깊이를 더하는 것이 아이의 언어발달에 긍정적인 영향으로 작용한다. 이전에는 아이가 이해하지 못한 표현들을 이때 사용하면 의외로 아이가 많이 이해할 수 있게 된다. 어리다고 무조건 쉽고 유아적인 단어에만 머무르면 오히려 아이의 어휘 향상을 제한한다. 이전보다 더욱 정교하고 생소한 단어를 들려주기 시작할 때다.

고급 어휘는 아이의 일상생활 속에서 자주 사용되는 일반적인 단어 외의 표현을 말한다. '가구', '반려동물', '교통수단' 등과 같이 여러 단어를 포괄하는 상위어, '공작새', '발견하다'와 같이 일상에서 자주 듣지 않는 구체적인 어휘, '레미콘', '알로사우루스'와 같은 비전형적인 어휘, '공평하다', '당황하다'와 같은 추상적인 어휘 등을 포함한다. 한마디로 이는 어린아이가 일상 대화 속에서는 자주 듣지 않을 만한 표현들이다. 주로 부모님이 아이와 나누는 대화 내용 중에서는 약 1%밖에 차지하지 않는다. 그럼에도 생소한 표현들이 취학 전 시기에 부모와의 대화에 1%라도 노출되면 학령기에 들어서 아이는 더 높은 어휘력을 나타낸다.

2001년 와이즈먼앤드스노우Weizman&Snow의 연구는 이러한 정교하고 생소한 표현들이 부모님으로부터 가장 많이 사용되는 때가 바로 식사 시간이라고 말한다.[20] 독서 루틴에서도 자주 사용되기는 했지만 대부분 책 내용에서 비롯된 것이며, 책을 읽으며 부모님이 직접 사용하는 표현들은 오히려 식사나 놀이 시간 등 다른 루틴보다 적었다. 즉, 독서 시간과 더불어 가족 간의 식사 시간, 아이와의 놀이 시간 등을 잘 활용하여 아이와 깊고 넓은 대화를 나누고 다양한 어휘를 들려주도록 노력해야 한다.

- 식사 시간: "당근에는 몸에 좋은 영양이 많아서 먹으면 쑥쑥 자랄 거야.", "사과가 하트 모양으로 변신했네."
- 놀이 시간: "이 토끼는 내 **반려동물**이야. 우리 집에 같이 살고

있거든.", "내가 멋진 보물을 발견했어!"

지나치게 추상적인 개념들은 아직 모두 이해하지 못할 것이다. "우리 공평하게 나눠서 먹자."라고 표현했을 때 5세 아이는 얼추 의미를 예측할 수 있지만 이제 막 3세가 된 아이는 정확히 이해하기 어렵다. 따라서 아이의 언어 수준과 신호를 어느 정도 고려하여 어휘를 선택하는 것이 좋다. 아이에게 고급 어휘를 들려주기 좋은 방법 중 하나는 아이가 이미 알고 있는 익숙한 표현을 조금 더 정교한 표현으로 대체하여 표현해주는 것이다.

"다 왔어." → "도착했어."
"엄마, 아빠" → "부모님."
"찾았어 → 발견했어."

아이가 현재 경험하고 있거나 잘 이해하는 맥락 안에서 충분한 단서와 설명으로 보충해줘야 한다. 부모님은 본능적으로 이러한 지원을 제공해주기도 한다. 아이와 대화하다가 어려운 단어를 사용했는데 아이가 잘 이해하지 못하는 듯한 분위기에서 자연스레 단어의 의미에 대한 힌트를 주는 부가 설명이나 단서를 제공해준다.

아이의 어휘가 늘어나며 인지 능력이 발달함에 따라 계속해서 아이의 수준에 알맞은 고급 어휘를 꾸준히 노출해주는 것이 좋다. 학업에서도 더 많은 내용을 이해하고 흡수하는 데 도움을 줄 것이다.

> **하루 1분 말걸기**
>
> **읽은 책 새롭게 읽기**
>
> 지금까지 아이와 함께 책을 읽을 때 책 속 내용을 술술 읽어내려가기만 했다면 이제는 조금 더 세세한 어휘들을 주시해보자. 아이에게 조금 더 생소하고 어려울 만한 어휘가 어떤 것이 있는지, 일상에서 자주 듣지 않는 고급 어휘들은 어떤 것이 있는지 살펴보자. 찾은 표현들이 있다면 이전보다 조금 더 강조하여 그림 속 단서를 가리키기도 하고 부가 설명을 더해본다. 이를 기억해두었다가 일상에서 마땅히 사용할 수 있을 만한 상황에 다시 특정 단어를 함께 사용하며 아이의 어휘량을 늘려나가자.

더 자세히 묘사해줘요

문장으로 표현하기 시작한 아이와 더 풍성한 대화를 나누고 싶은데, 어떻게 해야 할지 잘 모르겠다는 어머님이 있었다. 맞벌이라서 아이가 어린이집에서 시간을 많이 보내고 집에 오면 서둘러 밥을 먹이고 재우기 바쁘다고 했다. 아이와 가장 오래 눈을 마주치고 이야기할 수 있는 시간은 식사할 때다.

그런데 일상 얘기를 나누려 해도 아직 아이 눈앞에 일어나지 않은 상황에 대해 많은 이야기가 오갈 수 없다. 음식 이야기를 해보라고 추천했다. 처음엔 아이가 먹는 음식의 이름을 들려주고 "피자 맛있어?"와 같은 표현부터 시작했다. 차차 음식에 대한 다양한 묘사를 하면서 대화를 주고받는 연습을 했다. 대화가 훨씬 풍성해지고 아이의 표현력도 다양해졌다. "엄마는 큰 피자 먹어야지.", "동그란 페퍼로니도 있어.", "피자가 보트 모양 같아.", "아빠 사과는 초록색인데, 엄마 사과는 빨간색이네!", "엄마는 배부르다. ○○(이)는 어때?"

비교하고 비유하기

무언가를 설명하고 묘사하기 위해서는 묘사어가 필요하다. 2가지 대상을 비교하고 대조하기 위해서도 자세한 묘사어가 필요하다. 이러한 스킬들은 추후 사회나 과학과 같은 교과 과목 속에서 유용하고 필수적인 부분들이다. 아이의 어휘가 발달하는 순서는 '명사 → 동사 → 형용사 → 부사'다. 아이들은 가장 먼저 다양한 명사를 습득하고 그 표현들을 꾸며줄 동사와 형용사도 차차 이해하고 표현할 수 있게 된다. 영어로는 주로 형용사, 부사를 말하고, 우리말로는 사람이나 사물의 성질이나 상태를 나타내는 형용사(예쁘다, 크다, 많다)와 문장 내의 다른 단어를 꾸며주는 관형사(새, 옛)나 부사(많이, 빨리) 등을 아울러 말할 수 있다.

동사와 형용사의 표현은 보통 만 2~3세 사이에 급격히 증가한다. 그중 영어와 우리말에서 가장 먼저, 자주 쓰이는 형용사들은 다음과 같다.[21] 아이마다 흥미와 노출, 맥락과 화자에 따라 차이는 있을 수 있다.

있다, 없다, 이렇다(이렇게), 아니다(아니야), 아프다(아파/아야), 싫다(싫어), 그렇다(그래), 무섭다(무서워), 예쁘다(예뻐), 좋다(좋아), 크다(커), 어떻다(어떡하지/어때/어떨까), 맛있다(맛있어), 빨갛다, 괜찮다(괜찮아), 춥다(추워)

그 외에도 여러 색깔이나 모양에 대한 표현, 크기나 수에 관련된 표현, 소리와 촉감, 맛, 감정 등 다양한 개념을 통해 묘사해볼 수 있다. 묘사어는 아이가 무언가를 직접 체험하거나 관찰하는 순간 사용하는 단어다. 앞서 나누었던 것과 같이 과장된 목소리, 표정, 몸짓 등을 동원해 최대한 생동감 있게 느낌을 살려주면 아이가 단어의 뜻을 정확히 이해하는 데 도움이 된다. 식사하며 아이가 먹는 음식에 대해 묘사해주거나 등하원 시간에 길을 걸으며 보이는 것들을 묘사해줄 수도 있다. 특히 책을 읽을 때는 묘사할 그림과 내용이 수두룩하다.

물론 아이와 대화할 때마다 이렇게 문법적으로 생각하며 언어 자극을 하기는 쉽지 않다. 따라서 아이의 문장을 더 풍성히 꾸며주고 아이 주변 환경의 성질이나 상태 등을 더 자세히 묘사해준다는 개념으로 생각해야 한다. 어떠한 대상이나 상황이 '어떠하다'는 것에 들어갈 표현을 생각하면 된다. 아이들은 '똑같은 것'을 발견할 때 신이 난다. "저 친구도 줄무늬 옷을 입었네! ○○(이)랑 똑같다." 이런 말을 해주면 아이는 웃는다. "응! 줄무늬야. ○○(이)랑 똑같아."라고 덧붙이기도 한다.

　자연스레 '다른 것'도 찾게 된다. "저 친구 옷은 줄무늬 옷이 아니야. 그냥 초록색 옷이야." 이처럼 무언가를 비교하고 대조하는 말들 또한 아이의 인지와 표현력을 확장한다. 반대되는 개념에 대해 이야기를 나눠볼 수도 있다. "저건 크고 이건 작네.", "이건 짧은데 저건 길다.", "여기는 밝은데 저기는 어두워." 같은 식으로 2가지를 서로 비교해보는 것이다.

　비유하는 표현을 사용해도 좋다. "꼭 얼룩말 같아.", "얼룩말처럼 옷에 줄무늬가 있네."와 같이 '~같아', '~처럼'의 표현을 사용하여 묘사해줄 때 더 풍성한 내용을 전달할 수 있다. 또한 2가지 대상의 공통점을 이해하고 어휘의 관계를 이해하는 훈련이 된다.

　무엇보다 아이의 주도를 따르는 것을 잊지 말아야 한다. 아이의 관심 밖의 것들은 아무리 멋지게 묘사해도 아이는 잘 듣지 않는다. 아이의 반응을 살피면 알 수 있다. 부모님이 말을 건넨 후 잠시 기다렸을 때 아이가 다른 한마디를 덧붙인다거나 부모님의 표현을 따라 말하는 등의 반응이 전혀 없다면 아이가 그 내용에 큰 흥미를 느끼지 않아서다. 아이의 반응을 잘 살피며 함께 서로 비교하고 묘사해볼 소재를 찾아보자.

함께 요리하기

샌드위치, 스무디, 과일 샐러드 같은 간단한 음식을 함께 만들며 다양한 묘사어를 사용할 수 있다. '부드럽다', '끈적거리다', '까칠까칠하다', '미끌거리다' 등 각 재료의 촉감을 이야기하고 '차갑다', '뜨겁다', '미지근하다' 등 온도 이야기를 나눌 수도 있다. 재료를 하나씩 맛보기도 하며 '달다', '쓰다', '고소하다', '짜다', '시다' 등 여러 가지 맛 이야기를 나누거나 '바삭바삭하다', '쫀득하다', '물컹하다', '텁텁하다'와 같은 식감에 대한 표현도 사용할 수 있다. 또 다양한 모양에 대해 언급하며 '세모', '직사각형', '동그라미/원형' 등의 단어나 "꼭 하트 모양 같아.", "공룡처럼 생겼어."와 같은 비유의 표현도 사용할 수 있다.

아이의 감정을 말로 읽어줘요

놀이터에서 아이가 놀고 있었다. 처음 만난 형이랑 같이 놀게 되어 평소보다 더 신나서 노는 모습이었다. 여느 때와 같이 집에 갈 시간이 되어 마지막 5분의 시간을 주었다. 평소라면 5분 동안 하고 싶은 것을 하고 마음의 준비를 마친 뒤 스스로 걸어 나온다. 그런데 그날은 달랐다. 형이랑 노는 것이 너무 재밌었는지 마지막 경고 끝에도 아이는 집에 가기 싫다고 떼쓰기 시작했다.

"오늘은 형이랑 노는 게 너무 재미있었구나." 조금 가라앉은 말투로 고개를 끄덕이며 "응."이라고 대답한다. "그럼 형한테 우리는 이제 갈 시간이니까 다음에 또 같이 놀자고 이야기해볼까?" 아이는 놀이터에서 떠나는 것이 싫다는 마음만 들었지, 자신이 형이랑 노는 게 너무 재밌어서 놀이터를 떠나기 힘들다고는 인지하지 못했다. 그것을 부모님이 언어로 표현해주자 '아, 그게 지금 내 마음이구나.'라는 것을 깨닫고 그것에 대한 긍정적인 대안이 있다는 것을 배울 수 있었다.

아이의 감정을 다루는 것은 참 어렵다. 긍정적인 감정은 어려울 것이 없지만 부정적인 감정이 드러날 때 과제가 주어진다. 결국 부모님이 고민하는 것은 아이가 어디 가서 감정 조절을 하지 못하고 다른 사람들에게 피해를 주거나 사고 치지는 않을까 하는 것이다. 아이가 부정적인 감정을 느끼는 것 자체가 잘못은 아니다. 그것을 어떻게 표현하느냐에서 갈등이 발생하기 때문에 어렵다.

우리는 자신의 감정을 이해할 수 있어야 자신의 감정을 조절하고 타인에게도 적절히 말로 표현하는 사람이 될 수 있다. 즉, 타인과의 갈등을 대화로 풀어나가는 사람이 되는 것이다. 감정을 적절히 표현하는 방법을 잘 모르는 사람은 타인과의 갈등 속에서 대화가 아닌 다른 방법을 찾을 수밖에 없다. 그것이 타인을 향한 공격적이고 부적절한 말이나 행동으로 나타나기도 하고, 때로는 자신에 대한 질책으로 남기도 한다.

어린아이들은 아직 자신이 느끼고 경험하는 감정에 대한 이해가 부족하다. 그래서 부모님의 도움이 필요하다. 화나고 속상할 때 무작정 물건을 던지거나 소리를 지르는 대신 "~해서 속상해."라고 말로 표현할 수 있도록 가르쳐야 한다. 그리고 이렇게 감정이 언어로 표현될 때 아이의 두뇌는 위기에 맞서는 투쟁-도피의

태세에서 조금 더 논리적으로 반응할 수 있는 모드로 바뀐다. 더불어 자신의 마음에 대한 누군가의 공감으로 인해 정서적인 안정감을 얻어 다른 사람의 말에도 귀를 기울일 준비가 된다.

첫 번째 단계는 먼저 자신이 느끼는 감정과 마음이 무엇인지를 아는 것이다. '아, 이런 감정을 속상하다고 하는 거구나.'라는 것을 먼저 깨달아야 속상한 감정을 어떻게 추스르고 조절할지에 대한 방법도 고민하게 된다. '지금 내 마음이 쑥스럽다는 것이구나.'라는 것을 인지할 때 그 감정을 넘어서 쑥스러울 땐 어떤 행동을 취할 수 있을지에 대한 방법들을 생각해볼 수 있다.

문장으로 표현할 수 있는 시기가 되면 아이의 감정도 더욱 다양해진다. 단순히 기분이 좋고 나쁜 것을 지나 무척 신이 나고 기대되는 감정, 설레는 감정, 실망하거나 아쉬운 감정, 질투가 나거나 섭섭한 감정 등등 섬세하고 다양한 감정들이 생겨난다는 것을 부모님이 인지해야 한다. 상황마다 민감한 관찰을 통해 아이가 느끼는 순간의 감정을 캐치하면 그 감정이 무엇인지 대신 표현해줄 수 있다.

- 놀이터에 간다는 말에 좋아서 펄쩍 뛰는 아이에게 "놀이터 가는 게 너무 신나."
- 엄마의 가방을 들여다보려는 아이에게 "가방에 뭐가 있는지 궁금하구나."

- 장난감이 부러져서 울고 있는 아이에게 "장난감이 부러져서 속상해."
- 그림을 그린 후 부모님에게 자랑하는 아이에게 "마음에 드는 그림을 그려서 뿌듯하겠다."
- 마트에 아이가 원하는 아이스크림이 없을 때 "바닐라 맛이 다 나가서 실망했구나."
- 세수하다가 옷이 젖어서 짜증 내는 아이에게 "옷이 젖어서 찝찝하구나."
- 새로운 학원에 간 첫날 시무룩한 아이에게 "처음 가는 곳이라 조금 긴장되는구나."

이러한 과정을 몇 차례 거쳤다고 해서 어느 날 갑자기 아이가 자신의 감정을 말로 표현하기를 기대한다면 오산이다. 이것은 장기전이다. 오랜 시간에 걸쳐 수많은 감정의 경험을 통해 비로소 스스로 감정을 이해하고 표현하게 된다. 부모님은 아이에게 꾸준한 조력자가 되어줄 수 있을 뿐이다.

감정을 경험해야 조절할 수 있다

감정을 수용하고 공감해주는 것과 아이의 모든 요구를 들어준다는 것은 다른 이야기다. 하루는 둘째가 젤리를 먹으며 말하다가 입 속에서 젤리가 쏙 빠졌던 적이 있다. 거의 다 먹어 아주 작은 젤리였지만, 그래도 아이는 속상해했다. 너무 소중하게 얻은 젤리였기에 큰 울음이 터지고 말았다. "소중한 젤리가 떨어져서 너무 속상하구나." 울음은 멈추지 않았다. "또 줘! 또 줘! 젤리 또 줘!" 하고 큰소리로 외쳤다. 하지만 젤리는 딱 하나씩만 먹는다는 규칙이 있었기에 아이의 요구를 들어줄 수 없었다.

"젤리는 우리 딱 하나씩만 먹기로 약속해서 새로 줄 수는 없어. 내일 우리 꼭 젤리 하나 새로 먹자. 지금은 여기 있는 귤이나 사과를 먹어도 돼." 규칙에 대해 명확히 전달하되 아이가 선택할 수 있는 대안도 제시해주었다. 하지만 아이는 아랑곳하지 않았다. 약 10분 동안 아이의 감정이 가라앉을 때까지 함께 기다려주었다. "싫어! 젤리 또 줘! 지금!" 하고 외치던 아이가 결국에는 울음을 가라앉히고 훌쩍이며 말했다. "내일 젤리 또 먹을래."

스스로 감정을 조절하기까지 시간이 필요했던 것이다. 그저 자신이 겪고 있는 아주 큰 감정을 자신의 방법으로 표현했다. 그 감정을 충분히 경험하고 더 잘 표현할 방법을 배우는 것이 필요했다. 그런 아이에게 떼쓴다고 혼낸다거나 울음을 그치라고 이야기한다면 아이는 그 감정이 무엇인지 명확히 알지 못하게 된다.

조금 진정이 된 아이에게 "젤리가 맛있었는데 떨어져서 많이 속상했구나."라고 말해주니 아이는 고개를 끄덕이며 "속상했어…."라고 이야기했다. 그리고 또 다른 날 아이가 간식을 떨어뜨렸을 때는 조금 시무룩하더니 곧 말했다. "이거 내일 또 먹을래."

하루 1분 말 걸기

아이와 캐릭터의 감정에 대해 대화하기

아이와 책을 읽으며 주인공의 감정에 대해 물어보자. "이때 친구 마음이 어땠을까?", "왜 그런 마음이 들었을까?"와 같은 질문으로 책 내용 속 감정을 말로 표현하는 시간을 가져보자. 일상생활에서 다양한 감정을 모두 표현하기에 부족한 부분이나 여러 가지 상황에 대해 이야기할 수 있다.

범주어를 사용하면 아이가 어휘를 정리해요

"우리 과일 먹자!" 과일을 좋아하는 아이들은 이 말만 들으며 신이 나서 "응!" 하고 대답한다. "어떤 과일 먹을까? 포도랑 딸기 있어." 어느 가정에서나 들을 법한 일상적인 표현이지만 사실 언어치료사 엄마로선 매우 의도적인 전략이었다. 이 간단한 질문에서 얻을 수 있는 언어적 요소는 무엇일까?

아이의 어휘가 약 1,000개가 쌓이고 문장 표현이 더욱 다양해지면서 아이들은 자신이 가진 어휘들을 머릿속에서 정리하기 시작한다. 어떤 단어들이 어떤 범주 안에 들어가는지, 정리하면 효율적으로 어휘를 습득하고 저장하고 기억하고 사용할 수 있기 때문이다. 서류를 묶어서 잘 정리해두면 필요한 자료를 꺼내 쓰고 또 새로운 자료를 정리하기가 훨씬 쉽고 편해지는 것과 비슷하다.

아이들도 수많은 어휘를 습득하고 쌓아가면서 두뇌에서 자연스럽게 그 어휘들을 특성에 따라 분류하고, 정리하며, 필요할 때 꺼내 쓰고, 새로운 어휘를 더욱 효율적으로 습득해나간다. 이렇게 쌓여가는 어휘력이 나중 언어발달과 문해력을 향상해주는 뒷받침이 된다.

'사과'라는 단어를 한번 생각해보자. 낱말을 습득하기 시작하는 발화 초기 단계의 아이는 눈앞에서 동그랗고 빨간 사물을 보고 만지며 경험하고 사과라는 단어의 의미를 이해해나간다. 더 나아가 아이가 사과라는 단어를 다양한 맥락 속에서 풍부히 활용하려면 단어에 대한 더 깊은 이해가 필요하다. 즉, 단어에 대한 더 많은 정보가 필요하다. 사과는 먹을 수 있는 음식이라는 것, 여러 '음식' 중에서도 '과일'이라는 범주 안에 들어간다는 것, 또 같은 범주 안에 비슷한 어휘로는 배, 귤, 바나나 등이 있고, 또 빨간색 사과도 있으며 초록색 사과도 있다는 것, 나무에서 자라고 주로 가을에 맛있는 음식이라는 것 등 사과라는 단어가 다른 낱말이나 개념들과 연결되어 있다는 것을 아이는 배울 수 있다. 이러한 정보들이 단어와 단어를 더욱 단단히 연결해주어서 새로운 단어 습득의 효율을 높여준다.

다양한 범주어를 알고 있는 아이들은 자신이 이미 알고 있는 범주 안의 어휘들을 더 빨리 습득할 수 있다. '과일'이라는 범주어를 이해하는 아이는 새로운 과일의 이름을 들었을 때 단어의 의미를 더 빨리 이해할 수 있다는 것이다. 따라서 평소 아이와의 대화 속에서 가능한 한 다양한 범주어를 들려주는 것이 유익하다.

범주어에 대한 이해가 부족한 아이를 돕기 위해 사용할 수 있는 방법은 2개 이상의 단어를 나열해주는 것이다. 예를 들어 "아침 뭐 먹을래?"라고 한 뒤, "오트밀도 있고 미역국도 있어."라는 식으로 범주 안에 들어가는 어휘의 예를 몇 가지 들려주는 것이다. "어떤 색으로 칠할까?"에 더불어 "빨간색? 아니면 파란색?"과 같은 예를 들려주는 것이다. 그러면 아이는 '아, 빨간색, 파란색, 노란색…. 이런 단어들을 색깔이라고 분류하는구나.' 하고 깨달을 수 있다.

일상 속 대화 속에서 아이들은 수시로 새로운 어휘들을 아는 것과 연결 짓고 분류하며 습득해나간다. 따라서 그 과정을 조금 더 명확하게 이끌어줄 수 있다면 그 능력을 더욱 향상시킬 수 있다. 다음과 같이 다양한 범주어의 노출 빈도를 높여 어휘 습득의 효율을 높여주자.

"'아침' 뭐 먹을래?"
"'점심' 뭐 먹고 싶어?"
"'저녁'엔 뭐 먹을까?"
"오늘 '간식' 뭐 먹을래?"
"뭐 '마실'래?"

"무슨 '과일' 먹을래?"

"'야채'는 뭘 넣을까?"

"어떤 '옷' 입을래?"

"어떤 '장난감' 가지고 놀래?"

"무슨 '동물' 그림 그릴까?"

"무슨 '색깔'로 할 거야?"

"어떤 '모양' 할래?"

"뭐 '타고' 갈까?"

하루 1분 말걸기

마트에서 채소 코너 가기

마트는 범주어를 가장 자연스럽게 나눌 수 있는 곳이다. 물건의 종류마다 찾기 쉽게 정리되어 있어서 구체적인 음식 또는 물품의 이름뿐만 아니라 그에 알맞은 범주어를 배울 수 있다. 아이와 함께 살 것을 리스트로 정리하여 가져가도 좋고, 아이에게 살 것을 몇 가지 미리 이야기해 찾아봐도 좋다. "우리 당근이 필요한데. 채소가 어디에 있을까?" 하고 자연스럽게 채소 코너에 머문다. 그리고 아이에게 그림이 있는 채소 간판을 찾게 하거나 채소가 모여 있는 구역을 찾아볼 기회를 준다. 잘 찾지 못한다면 부모님이 도와준다. "여깄다! 여기 채소가 다 있네. 당근도 있고, 파도 있고!" 게임처럼 찾다 보면 아이가 지루하지 않게 장 보기를 마칠 수 있다.

다섯 걸음 언어자극

문장으로 대화할 수 있어요

아이가 마음껏 생각하고 표현하게 하는 말 걸기

아이와 쌓은 추억에 대해 이야기 나눠요

　아이들과 함께 휴가를 다녀오거나 동물원, 박물관, 바닷가 등 나들이를 다녀오면 부모님에게 지난 경험을 충분히 얘기해보라고 말씀드린다. 즐겁고 특별했던 경험을 토대로 이야기를 나누는 것이 아이에게 좋은 언어자극이 된다. 그런데 보통 아이들은 아무리 즐거웠다고 해도 막상 집에 와서 이야기하면 시큰둥한 반응을 보일 때가 많다.

"동물원 재밌었어? 우리 동물원에서 뭐 봤지?"

"고릴라!"

"맞아, 고릴라! 또 무슨 동물 봤지?

"사자."

"사자도 봤고. 또?"

"…."

아이와 풍부한 대화를 나누기 위한 첫 번째 단계는 아이가 경험하는 동안 충분한 언어자극을 주는 것이다. 아이가 동물원에서 헤엄치는 수달을 보며 "우와! 물 속에서 수달이 헤엄치고 있네?"와 같은 표현을 들었어야 집에 와서 무엇을 봤는지 훨씬 쉽게 이야기할 수 있다. 헤엄치는 수달을 구경만 하고 아무런 언어 표현을 듣지 못했다면, 집에 와서 그 경험을 스스로 떠올려 문장을 형성해 말로 표현하기가 훨씬 복잡하고 어렵다. 물론 어휘력과 표현력이 쌓여 있는 아이라면 쉽게 할 수 있겠지만 그렇지 않다면 경험을 동반한 언어자극이 더욱 필요하다.

이런 대화를 나누는 가정이 있을 것이다. 함께 식사하며 "○○(이) 오늘 동물원 재밌었어? 우리 키가 엄청 큰 기린 봤었지?"라고 말이다. 사진을 직접 보며 이야기를 나눈다면 대화의 질이 더 풍성해지기도 한다. 사진을 보며 더 많은 기억을 떠올릴 수 있다. 아이가 겪은 특별한 경험은 그 자체만으로 소중하지만, 더 나아가 사진을 활용해 더욱 풍부한 대화를 나눌 수 있다. 그래서 가족 휴가나 나들이를 다녀오는 가족들에게 사진을 많이 찍어 오라고 조언하기도 한다. 그러고 나서 아이와 함께 앉아서 사진첩을 들여다보는 시간을 갖는 것이다. 사진첩을 넘기며 이야기하다 보면 자연스럽게 시간 순서대로 사건을 나열하게 된다.

"우리 가족사진이네. 정문 앞에서 사진 먼저 찍고 들어갔지."
"들어가서 제일 먼저 원숭이도 보고, 그다음에 호랑이도 봤다!"
"참, 배고파서 점심도 먹었지."

'언제', '어디서', '무엇'에 관해 이야기하라

아이는 가장 흥미로운 주제에 대해 할 말이 많아진다. 동물원에서 아이가 기린을 보며 즐거워했다면 "우리 저번 주에 동물원에 가서 기린 봤던 거 기억나?"와 같이 이야기를 꺼내볼 수 있다. "기린 키가 진짜 크더라!" 같은 구체적인 이야기나 "기린이 나무 옆에서 뭐 하고 있었지?" 같은 특정 장소나 사건에 대한 구체적인 질문을 던져보는 것도 좋다. '언제', '어디서', '무엇을' 같은 구체적인 맥락을 먼저 제시해줄 때 아이는 더욱 구체적인 기억을 떠올려보기 쉽다. 단, 가능하면 단답형 질문보다는 좀 더 길게 대답할 수 있을 만한 열린 질문을 활용하는 것이 좋다.

부모님이 아이와 함께 지난 경험에 대한 이야기를 깊이 나눌수록 아이 또한 자신의 이야기를 더욱 결속력 있게 전달하는 능력이 생길 뿐만 아니라 어린 시절의 기억이 더욱 장기간 남는다고 연구들은 말한다.[22]

아이들이 아직까지는 이야기를 처음부터 끝까지 스스로 조리 있게 잘 전달하는 데는 미숙하다. 때론 전혀 관계없는 두 사건을 이야기하기도 하고 관계 있는 사건이라도 시간을 뒤죽박죽 섞어서 이야기하기도 한다. 동물원에서 고릴라를 봤던 이야기를 하다가 갑자기 아이스크림을 떨어뜨린 이야기를 하기도 한다. 두서에 상관없이 가장 기억에 남는 것순으로 내뱉는다. 하지만 이러한 과정을 거쳐 차차 학령기에 다가갈수록 아이들은 여러 사건을 인과적으로 연결 지어 이야기하거나 사건의 순서대로 나열할 수 있는 스킬을 다져가게 된다.

지난 경험에 관한 이야기를 나누다 보면 자연스럽게 과거 시제를 사용하게 된다. '~했어', '~했는데', '~하고 있었어' 등의 형태로 대화를 주고받다 보면 자연스럽게 과거 시제 사용이 익숙해진다. '그리고', '먼저', '나중에', '~전에', '~한 다음에'와 같이 시간적 연결을 나타내는 부사와 연결어미, '~하니까', '~했더니', '~해서', '~했는데'와 같이 인과 관계를 연결해주는 표현들을 사용할 수 있게 된다. 더불어 여러 문장 속에서 '~이/가', '~을/를', '~은/는', '~랑', '~한테' 등 다양한 조사를 사용하게 된다. 문맥에 알맞은 여러 가지의 문법형태소들을 자연스럽게 습득할 수 있으며 표현의 길이를 늘려갈 수 있다.

부모: "뱀이가 나무 밑에 있다가 움직였어!"
아이: "맞아, 뱀이 나무 밑에 있다가 스르르 움직이는 거 봤지!"

부모: "응! 그리고 개구리도 나무 밑에 있었어."

아이: "맞아. 그다음에 개구리가 나무 밑에 있는 것도 봤었네."

아이가 표현한 문장에 대해서는 아이의 문장을 그대로 다시 말해주는 방법을 사용한다. 문법 오류가 있다면 올바른 표현을 자연스럽게 들려줄 뿐만 아니라 적극적인 반응을 통해 대화를 더 길게 이어갈 수 있기 때문이다. 또한 아이의 말에 공감하면, 아이는 신나서 더 길고 많은 이야기를 나누려 한다. 아이에게 대화를 이끌어갈 주도권을 주는 셈이다.

더불어 아이의 이야기 말하기 능력을 더욱 확장해주기 위해서 할 수 있는 것들이 몇 가지 있다. 이야기 말하기 능력narrative skills이란 주어진 사건 또는 이야기를 조리 있게 구성하여 전달할 수 있는 능력을 말한다. 사건을 순서대로 나열하고 핵심 내용을 잘 전달하며 깊은 사고력까지 더할 수 있는 이 능력은 추후 학업 및 사회성과도 연결되는 중요한 언어 능력이라고 볼 수 있다. 아이가 나눈 사건과 문장을 토대로 한두 가지 내용을 더해주며 이야기를 꾸며주자. 예를 들어 "그리고 개구리가 있는 곳이 좀 어두워서 우리가 조금 무섭다고 그랬었지."라고 말할 수 있다. 추가 질문을 통해 이야기에 깊은 생각을 더해줄 수 있다. "호랑이는 왜 안 보였었지?" 그리고 마지막에 모든 내용을 요약하는 한마디를 던져볼 수도 있다. "와, 오늘 동물원에서 정말 많은 동물을 봤네." 아이의 표현에 어떤 말이라도 한마디 더하면 매우 훌륭한 언어자극의 시간이 될 것이다.

> **하루 1분 말걸기**
>
> **잠자리 대화하기**
>
> 하루 있었던 일들에 대해 대화를 나누기 가장 좋은 시간은 자기 전 아이와 함께 침대에 누웠을 때다. "오늘 학원에서 ○○(이) 봤어?", "오늘 점심시간에는 누구 옆에 앉았어?", "오늘도 어제처럼 쉬는 시간에 그네 타고 놀았어?"처럼 구체적인 질문을 던져본다. 아이가 "응, 그네 타고 놀았어."라고 대답한다면 "또 뭐 하고 놀았어?"라며 조금 더 열린 질문을 던져볼 수도 있다. "음, 미끄럼틀도 탔어!" 충분히 생각하고 대답할 시간을 주며 경청하는 자세로 기다린다면, 아이는 더 깊이 생각하고 기억하며 표현할 기회를 얻을 것이다.

앞으로 일어날 일에 대해서 함께 이야기해요

　지난 경험의 이야기만큼 언어발달에 유익한 대화는 다가오는 미래의 이야기다. "우리 내일은 건강검진 받으러 병원에 갈 거야."라고 아이에게 예고하면 아이는 다가올 상황을 예측할 수 있다. 그리고 아이들은 예측 가능한 상황 속에서 심리적인 안정감을 얻어 외부 자극을 더욱 쉽게 받아들일 수 있다.

　아이와 함께 병원 대기실에 앉아 있는 엄마가 아이에게 말한다. "저기서 간호사 선생님이 ○○(이) 이름을 부를 거야. 그러면 의사 선생님 만나러 들어가자. 의사 선생님이 아마 먼저 ○○(이) 몸무게도 재고 키도 재볼 걸." 별생각 없이 앉아 있던 아이는 엄마의 설명에 진료실 안에서의 상황을 미리 머릿속에서 그려보기 시작한다. 그러다 "그리고 주사도 맞아?" 같은 궁금증도 생긴다. "응,

오늘은 예방접종 할 거야."

보통 부모님은 아이가 뻔히 싫어할 것 같은 내용은 미리 알려주지 않는다. 그리고 그 시간이 폭풍처럼 빨리 지나가기만을 바란다. 하지만 아이에게 남는 것은 배신감뿐이다(주사를 별로 무서워하시 않는 이이라면 다르겠지만 말이다). 폭풍이 지나간 후에도 아이에게 주사라는 것은 여전히 '아프고 싫은 것', '언제 맞을지 모르는 두려운 것'으로 남는다. 하지만 상황을 겪기 전에 힘들더라도 부모님과 대화를 나눈다면 아이의 표현은 달라질 수 있다.

"싫어! 주사 맞기 싫어. 아플 것 같아!", "응, 주사 맞는 게 아플까 봐 걱정되는구나. 그래도 ○○(이)가 용기 내서 씩씩하게 맞고 나면 아마 엄청 뿌듯할 걸?" 이렇게 사전 대화를 나눈 후에 주사를 맞고 나온 아이는 "아플까 봐 걱정했는데 용기 내서 씩씩하게 맞았어!" 같은 섬세한 표현이 가능해진다.

유독 환경 변화에 예민하고 대체로 긴장감이 높은 첫째와 새로운 곳에 갈 때면 사전 대화가 필수였다. 종종 "우리 주말에는 수족관에 가자."라고 이야기하면, 새로운 장소에 낯선 마음이 드는지 "싫어."가 먼저 나오는 경우가 많았다. 그럴 때마다 핸드폰으로 가게 될 장소의 웹사이트를 찾아 사진이나 영상을 미리 보여주면서 어떤 곳인지, 무엇을 할 수 있는지 상세한 정보를 나누곤 했다. 관련 책이 있다면 함께 읽기도 했다. 그러면 아이는 그제야 "수족관 갈래!" 하고 언제 그랬냐는듯 마음을 바꾸기 일쑤였다. 새로운 곳에 가기 전 충분한 대화가 이루어지지 않았을 때는 그곳에서의 경험 또한 풍부하지 못했다. 반면 미리 충분한 대화를 나눈 후에 가면 더 많이 즐기고 신나는 경험을 했다. 그리고 풍부한 경험 끝에는 늘 더 풍부한 표현이 따라왔다.

미래에 일어날 계획에 대해 다양한 시간적 개념도 배울 수 있다. "우리 이따가 어린이집 마치고 이모네 집에 놀러 갈 거야.", "다음 주 토요일에는 우리 할머니네 놀러 갈 거야." '오늘', '내일', '모레', '오전', '오후', '이따가', '나중에' 같은 다양한 어휘를 아이에게 의미 있는 맥락 속에서 자연스럽게 언급할 수 있다. 시간 개념은 매우 추상적이기 때문에 직접적이고 다양한 경험 속에서 반복적으로 노출되어야 이해할 수 있다. 현재와 가장 가까운 단어부터 시작해서 더 멀리 있는 미래의 단어 또한 차차 늘려갈 수 있다.

> 하루 1분
> 말걸기

계획 말하기

아이와 외출할 때마다 그날의 계획에 대한 대화를 잊지 말자. "너 오늘 이것도 하고 저것도 해야 해!"처럼 아이의 할 일을 지시하라는 게 아니다. 아이가 자신의 일상을 즐길 수 있도록 도와준다는 태도로 대화해야 한다.

"오늘은 어린이집 끝나고 태권도 가는 날이네."
"오늘은 태권도에서 뭘 배우려나?"
"저번 시간에 했던 발차기 오늘 또 할 수도 있겠다."
"오늘 저녁에는 돈가스 먹으려고 엄마가 준비했어."

질문을 되물으면 논리적 사고가 가능해요

아이와 하원하는 길에 지붕 위에서 공사하는 광경을 보았다. 사람이 지붕 위에 올라가 있는 모습을 처음 본 아이는 물었다. "엄마, 저 아저씨는 왜 저기 올라가 있어?", "응. 지붕 공사하고 있나 봐."라고 대답하려다가 잠시 멈추어 아이에게 다시 물었다. "그러게. 왜 지붕 위에 올라가 있는 걸까?" 질문을 던지고 잠시 기다려 보았다. 몇 초 동안 생각하던 아이는 대답했다. "지붕 위에 고칠 게 있나 봐."

아이들은 자신이 던지는 질문에 대한 답을 이미 알고 있는 경우가 많다. 자신이 답을 알고 있다는 것을 잘 모른 채 말이다. 이렇게 아이에게 질문을 되묻고 나서야 비로소 아이는 '아! 이러이러해서 이러이러할 수도 있겠다!'라고 스스로 질문의 답을 찾기도 한다. 누구나 상대방에게서 질문을 받았을 때는 바로 대답하는 것을 자연스럽고 익숙해한다. 특히나 아이들이 던지는 질문에는 부모로서 좋은 답을 알려줘야 할 것 같은 마음도 든다. 하지만 아이의 질문을 되물으며 "그건 왜 그런 걸까?" 하고 아이에게 생각할 기회를 제공하면 아이는 사고하는 힘을 키울 수 있다.

아이의 인지력이 어느 정도 쌓이면 논리적 사고를 할 수 있는 능력이 생긴다. 지금껏 쌓아온 세상의 이치에 대한 다양한 지식과 경험을 토대로 스스로 결론을 내릴 수 있다. '아저씨가 지붕 위에 올라가 있다.'와 같이 눈앞에 명확히 보이는 것뿐만 아니라, '아저씨가 지붕을 고치려고 지붕 위에 올라가 있다.'와 같이 눈앞에 명확히 보이지 않더라도 논리적인 사고를 통해 생각할 수 있는 것들을 이야기하게 된다. 이러한 개념을 '탈맥락적 언어 decontextualized language'라고 하는데, 지금, 여기에서 벗어난 추상적 개념에 대한 언어 능력은 아이의 학업 능력과도 연관된다.[23]

정답은 중요하지 않다. "저건 왜 그런 걸까?", "어떻게 저렇게 된 걸까?" 같은 질문을 스스로 논리적으로 생각해보고 상황을 유추하는 과정이 중요하다. 생각의 과정을 충분히 쌓아갈 기회를 주어야 한다. 아이가 스스로 생각하고 상황을 유추할 기회를 주는 것이다. 아이들은 때론 엉뚱한 대답을 하곤 한다. "높이 올라가고 싶었나 봐."

생각의 과정을 응원하는 것이기 때문에 엉뚱한 대답을 지적하지 말아야 한다. "그렇구나. 그럴 수도 있겠다." 같은 반응으로 아이의 생각을 충분히 존중해줘야 한다. "혹시 지붕 위에서 놀아보고 싶었나?" 하고 함께 창의적인 생각들을 던지다 보면 오히려 아이가 나서서 "아니?" 하고 논리적으로 생각하기도 한다. 그리고 결국 부모는 아이의 생각에 올바른 방향을 제시해줄 수 있다. "아니면 혹시 지붕에 고칠 것이 있었나?" 하고 생각의 씨앗을 던져주면 아이는 다시 생각해보고 "지붕이 망가졌나? 그래서 고치고 있나?" 하고 생각의 꼬리를 이어간다.

더불어 아이에게 단서를 제공할 수도 있다. "뭔가 뚝딱뚝딱 지붕을 만지고 있네. 뭐 하는 걸까?" 또는 "손에 망치를 들고 있는 것 같은데?"와 같이 아이가 참고할 수 있는 단서를 주는 것이다. 상황에 대해 합리적으로 유추할 수 있으려면 알맞은 단서가 필요하기 때문이다. 정답을 바로 말해주는 것보다 단서를 통해 아이가 직접 유추해볼 수 있도록 방향을 제시해주는 것이다.

아이가 먼저 질문하지 않는다면, 부모가 먼저 아이에게 생각을 유도하는 질문을 던져볼 수 있다. 특히 아이와 외출하면 다양한 기회를 찾아볼 수 있다. "놀이터가 다 젖었네. 왜 이렇게 젖었지?" 혼잣말하듯 던지고 기다려본다. 그러면 아이는 자연스럽게 생각하고 대답하곤 한다. "비가 와서 그런가 봐!" 이렇게 생활 속 여러 상황을 더 자세히 관찰하고 깊이 생각해보는 시간을 통해 아이는 세상을 더 넓고 깊게 이해해나가는 힘을 기를 수 있다.

문맥에서 벗어난 이야기하기

아이와 함께 책을 읽을 때 글자만 읽어주는 것이 아니라 중간중간 멈추어 책 내용에 대한 대화를 나누는 것은 언어자극에 효과적인 전략이다. 그중 탈맥락적인 질문을 통해 문맥에서 벗어난 생각을 유추한다면 그 효과는 더욱 뛰어나다.

언어치료 수업에서 가장 많이 사용하는 대표적인 질문 몇 가지가 있다. "왜 그랬을까?", "그다음엔 어떻게 될까?", "기분이 어땠을까?", "너라면 어떨 것 같아?", "너도 경험해봤니?"

아이의 다양한 생각과 추론에 긍정적으로 반응해주며 아이가 자유롭게 사고를 넓히도록 지지해주자. 설사 아이가 선뜻 대답하지 못하더라도 바로 알맞은 답을 알려주는 게 능사가 아니다. 추론에 도움이 될 만한 여러 가지 단서를 제공하거나 "혹시 이래서 이럴까?", "~할 수도 있을 것 같아!" 같은 생각의 여러 방향을 제시하며 대화를 이어가기를 추천한다.

단어의 뜻을 정확히 설명해줘요

"배려가 뭐야?" 아이는 만 4세부터 생소한 표현을 들었을 때 "그게 무슨 뜻이야?"라고 반문하기 시작했다. 처음엔 갑작스러운 질문에 당황했지만, 아이가 최대한 이해할 수 있게 설명하려고 노력했다. "배려는 다른 사람이 불편하지 않도록 도와주는 거야."

어린아이들은 직접 보고 만지고 경험하는 것을 토대로 어휘를 이해한다. 하지만 인지와 표현력이 눈에 띄게 성장한 아이는 눈앞에 있는 맥락이 아니더라도 단어의 뜻에 대한 간단한 설명을 듣고 이해할 수 있다. "○○는 ~라는 뜻이야."라는 설명이 가능해진다. 앞서는 어휘의 양을 늘리는 것이 중요했다면, 이제는 어휘의 깊이를 더하는 것도 중요해진다. 어휘에 대한 이해가 깊을수록 어휘를 적극적으로 사용하고, 또 어휘를 포함한 다양한 문맥을 이해할 수 있기 때문이다. 어휘의 깊이를 더하기 위해선 '명시적 학습'이 필요하다.

다수의 연구에 따르면 어휘의 수동적인 노출보다 명시적 어휘 학습의 방법으로 어휘를 알려줬을 때, 아이들이 어휘를 학습하는 데 더 효과적이다. 단어의 정확한 뜻을 알려줬을 때 아이는 단어를 더 효과적으로 이해하고 기억할 수 있다는 것이다. 언어발달이 느린 아이일수록 더욱 그렇다. 아이마다 각기 역량에 따라 명시적이고 반복적인 학습의 기회가 필요하기도 하다.

책을 읽으며 "영미는 뿌듯한 마음이 들었어요." 하고 그냥 읽고 아이가 문맥상 뜻을 유추하도록 놔둬도 큰 문제는 없다. 아이에게 "뿌듯한 마음이 들었다는 건 무슨 뜻일까?" 하고 단어의 뜻을 유추해볼 수 있는 생각의 기회를 주는 것도 좋다. 아마 맥락을 통해 얼추 감을 잡고 뜻을 이해하는 경우도 있을 것이다. 하지만 아이가 아직 '뿌듯하다'는 뜻을 잘 알지 못한다면 단어의 뜻을 명확히 설명해주는 과정이 필요하다. "뿌듯하다는 건 네가 열심히 해서 좋은 기분이 든다는 뜻이야."와 같은 간략한 설명을 더할 수 있다. 이렇게 모르는 단어에 대한 명확한 이해를 바탕으로 책 또는 대화의 내용을 더 깊이 이해할 수 있다.

중요한 것은 아이가 이해할 수 있을 만한 표현으로 설명하는 것이다. 아이가 흥미롭게 듣고 있거나, 대화 내용을 확실하게 이해할 수 있어 즐거워야 한다. 아이에게 어떻게든 새로운 단어를 가르쳐주려고 애쓰지 말고, 더 원활한 대화를 위해 이해를 돕는다고 생각하는 것이 좋다. 매번 모르는 단어가 나올 때마다 멈추어 설명하며 대화의 흐름을 끊으면 역효과가 생긴다. 아이가 궁금해하거나 대화를 이어가는데 중요한 단어가 나왔을 경우 간단한 설명을 더해볼 수 있다. 만약 책을 읽을 때라면 책 전체 내용을 이해하는 데 중요한 단어 한두 개면 충분하다.

맥락에 중요한 단어의 뜻을 알게 되었다면, 그다음은 단어의 뜻을 적극적으로 생각해보고 적용할 기회가 필요하다. '뿌듯하다'는 단어가 있었다면 "영미가 친구를 열심히 도와줘서 기분 좋은 마음이 들었나 봐."와 같이 문맥 속 내용에 적용하여 다시 설명해 줄 때 아이가 단어의 뜻을 더 명확히 이해하는 데 유익한 단서가 된다. 아이의 개인적인 경험이나 지식과 연계하여 대화를 이어가거나 설명을 덧붙여도 좋다. "○○(이)는 언제 뿌듯한 마음이 들었어?", "○○(이)도 저번에 열심히 레고 집을 완성했을 때 기분이 어땠어?" 등의 질문으로 말이다.

아이와의 모든 대화가 학습적인 태도로 흘러간다면 아이는 부모와의 대화가 지루하고 부담스럽게 느껴질 것이다. 하지만 우연히 발생하는 배움의 기회가 생겼을 때 부모가 놓치지 않고 아이를 도와주고 이끌어준다면 더 깊고 풍성한 대화를 나눌 수 있을 것이다.

사회성을 넓히는 표현을 들려줘요

아이는 부모와의 애착 관계를 토대로 또래 친구와도 관계를 형성한다. 영아기에는 세상 그 누구보다 부모님과의 상호작용과 소통이 중요하다. 하지만 점점 커가면서 친구와 함께 놀고 소통하며 배워가는 사회성이 아이의 발달에 매우 중요하다. 그리고 이 과정에서 언어는 매우 큰 역할을 한다. 또래 간에 긍정적인 사회 경험을 쌓아주기 위해서는 부모의 체계적인 가이드가 꼭 필요하다.

사회성은 단순히 자기 생각을 타인에게 전달하는 것이 아니라 타인의 입장을 고려해 자신의 말과 행동을 취하는 능력이다. 원하는 장난감을 친구가 가지고 놀고 있을 때 "이거 내 거야!" 하는 것은 언어적으로 문제가 없지만, 사회적인 관점에서는 긍정적이라고 볼 수 없다. 이와 같은 긍정적인 사회적 기술은 충분한 사회 경험과 관찰을 통해 배울 수 있다. 또래 친구나 형제자매와의 갈등 그리고 즐거운 경험을 통해 아이들은 자연스럽게 사회적 기술을 배워간다. 그 사이에서 부모가 문제를 해결해버리거나 상황을 직접 판단해 중재한다면, 아이들은 스스로 자신의 말과 행동을 조절하는 법을 배울 기회를 얻지 못한다.

부모는 아이들이 갈등 속에서 부정적 경험만 쌓지 않고, 긍정적 사회 경험도 충분히 할 수 있도록 언어의 도구를 제공해줄 수 있다. 결국 아이들이 배워가야 할 사회 기술 중 하나는 격한 말투나 행동보다 '언어'라는 강력한 도구로 타인과의 갈등을 풀어가는 것이다. 어린아이들은 아직 감정이 앞서지만, 그것을 마땅히 언어로 표현할 방법을 모른다.

다음은 또래 친구나 형제자매끼리 놀 때 사용하기 좋은 표현들이다. 상황에 따라 아이에게 자연스럽게 모델링해주며 사회 기술을 쌓아주자. 단, 아이에게 따라 하라고 강요하면 안 된다. 하나의 방법으로 제시해주는 예시다. 실행은 아이에게 맡겨야 한다. 아이가 또래 친구나 형제자매와 함께 노는 시간마다 매번 옆에서 개입하는 것 또한 바람직하지 않다. 가까운 거리에서 아이의 교류를 지켜보며 도움을 주는 것이 적당하다.

"안녕, 나랑 같이 놀래?"

인사는 가장 기본적인 사회 기술이다. 친구를 만났을 때 손을 흔들며 "안녕?"이라고 인사하거나 이름을 물어보는 것, "나랑 같이 놀래?"라고 대화를 시작하는 기술은 꾸준히 배워나간다. 친구와 같이 놀고 싶어도 어떻게 말을 걸지 잘 모르는 아이에게 방법을 알려주자.

"나도 해봐도 될까?", "나 좀 써도 될까?"

상대방이 사용하는 물건을 그냥 가져가기보다, 적절한 표현으로 먼저 물어보는 사회 기술을 알려주는 것이다. 설사 돌아오는 대답이 부정적일지라도 상대방의 의사를 존중하고 기다리는 것은 아이들이 차차 배워나가야 한다. 침착하게 기다리는 힘은 먼저 자신의 차례를 누리는 경험을 충분히 하면서 키워지는 것이므로 서로에게 그 경험을 쌓아줄 수 있도록 공평한 기회를 제공하는 것이 좋다.

"다 쓰면 말해.", "다 쓰고 줘."

아직은 자신의 차례를 기다리는 것이 힘든 아이들에게는 상대방이 물건을 다 쓴 후에는 받을 수 있을 것이라는 약속 자체가 그 기다림의 고충을 어느 정도 완화해줄 수 있다. 물론 상대방이 다 쓴 후에 꼭 다시 받는 경험을 자주 할 수 있도록 부모님이 도와주면 더욱 힘이 된다.

"아직 쓰고 있어.", "아직 준비가 안 됐어."

아이들이 상대방의 마음과 상황을 이해하고 양보하는 능력은 만 3세 반~4세는 되어야 생긴다. 그전에는 자신이 소유권을 충분히 누리는 경험을 한 아이들이 타인의 소유권도 이해할 수 있다. 따라서 한참 재밌게 놀고 있는 장난감을 다른 아이에게 선뜻 내어주기 어렵다. 하지만 "싫어!", "아니야!", "내 거야!"처럼 격한 말투나 행동으로 표현하기보다는 좀 더 부드러운 표현을 사용할 수 있도록 돕는다면 조금이나마 갈등을 줄일 수 있다.

"기다리는 게 힘들어."

아이는 당연히 순서를 기다리는 것이 힘들다. 아이들은 부모가 그 심정을 이해해주고, 공감해줄 때 안정감을 느낀다. 아이들은 감정을 말로 표현하면서 감정과 이성의 균형을 이루며 기다리는 힘을 기를 수 있다.

"다 쓰고 줄게.", "이것만 하고 줄게."

아이가 점차 배워나가야 할 또 다른 사회 기술은 자신이 다 쓴 물건이나 장난감을 다음 사람에게 넘겨주는 것이다. 아이가 능동적으로 할 수 있도록 적절한 표현을 알려주자. "자, 이제 네 차례야."

"네가 먼저 해도 돼."

양보는 모든 부모가 아이에게 바라는 것일 테다. 하지만 일방적으로 "네가 형이니까 양보해!", "친구한테 먼저 양보해야지!"라고 한다면 아이는 억울한 마음만 남는다. 아이가 친구의 마음을 진정으로 살펴 스스로 양보하는 마음을 갖게 하는 것이 핵심이다. 따라서 아이의 행동을 조절하기보다 친구의 마음을 인지하도록 돕는 표현이 좋다. "친구도 너무 하고 싶은가 보네. 먼저 하게 양보해줄까?"라고 유도한다면 아이는 "네가 먼저 해도 돼."라고 자발적으로 양보할 수 있게 된다.

하루 1분 말 걸기

키즈카페 가기

키즈카페는 내 아이와 다른 아이의 교류를 가장 잘 관찰할 수 있는 곳이다. 동네 놀이터에서는 아이들이 다치지 않는지 멀리서 관찰할 때가 많지만, 키즈카페에서는 주로 가까이서 함께 다니게 된다. 장난감을 두고 갈등이 일어나거나, 놀이기구의 차례를 두고 서로 경쟁하기도 한다. 이런 상황에서 새로운 친구와 긍정적인 사회 언어를 활용할 수 있도록 도와준다면 좋은 사회 경험을 쌓을 수 있을 것이다.

부록

영유아 기본
어휘 목록

아이에게 무엇을 말해줄까?

초기 어휘 목록은 한 걸음에서 세 걸음 언어발달 단계에 있는 아이들, 대략 만 0~3세 영유아들이 말이 트이는 과정에서 대체로 가장 먼저 사용하고, 가장 자주 사용하는 어휘들을 모았다. 본문에서 아이에게 '어떻게' 말을 걸어주어야 할지에 대해 소개했다면 여기서 부모님이 '무엇을' 말해줄지, 어떤 단어들을 사용해볼 수 있을지 안내한다.

아이가 아는 어휘 개수를 체크하는 데도 사용할 수 있다. 아이가 새로 이해하고 반응하는 표현들이 있다면 목록에서 체크해보자. 단, 아이의 수용언어와 표현언어를 구분하여 확인하는 것이 좋다. 아이가 수용적으로 이해하는 단어는 아이가 특정 단어를 들었을 때 포인팅이나 손짓 등의 단서가 없이도 쳐다보거나 가져다

주는 등의 행동을 취할 때 알 수 있다. 예를 들어 "공 어딨지?"라고 했을 때 공 쪽을 쳐다보는 것이다. 이때는 '이해' 박스를 체크하고, 아이가 직접 사용할 수 있는 표현은 '표현' 박스를 체크하면 된다. '표현' 박스에 체크 가능한 어휘들은 다음과 같다.

- 맥락에 맞게, 일관되게, 스스로 사용할 수 있는 단어들
- 발음이 정확하지 않더라도 어떠한 대상을 가리키는 일관된 표현이나 소리('물'을 '무'라고 발음해도 체크한다)

아이마다 자신의 흥미와 관심사, 환경과 문화, 조음과 언어발달의 특성에 따라 사용하는 단어 선택에 차이가 존재한다. 이를테면 '겉옷'이라는 단어를 어떤 가정에선 '점퍼'라고도 할 수 있고 또 다른 가정에선 '재킷'이라고도 한다. 따라서 이 목록은 발화 초기 단계의 아이들이 꼭 발화해야 하는 절대적인 목록이라기보다 전반적인 가이드 라인이라고 볼 수 있다. 영유아기 아이들은 자신의 관심과 흥미 안에 있는 단어들을 가장 효과적으로 습득하니 아이의 관심과 주도에 따라 유연히 상호작용 해보길 바란다.

음식

빨간색 단어: 만 2~3세 고빈도 어휘

	이해	표현		이해	표현
감	☐	☐	미역국	☐	☐
감자	☐	☐	바나나	☐	☐
계란	☐	☐	밤	☐	☐
고구마	☐	☐	밥	☐	☐
고기	☐	☐	배	☐	☐
과자/까까	☐	☐	빵	☐	☐
국	☐	☐	사과	☐	☐
국물	☐	☐	사탕	☐	☐
귤	☐	☐	생선	☐	☐
김	☐	☐	아이스크림	☐	☐
당근	☐	☐	양파	☐	☐
딸기	☐	☐	얼음	☐	☐
떡	☐	☐	치즈	☐	☐
맘마	☐	☐	포도	☐	☐

마실 것

	이해	표현		이해	표현
두유	☐	☐	우유	☐	☐
물	☐	☐	주스	☐	☐

장난감

	이해	표현		이해	표현
가위	☐	☐	장난감	☐	☐
공	☐	☐	종이	☐	☐
로봇	☐	☐	책	☐	☐
블록	☐	☐	크레파스	☐	☐
연필	☐	☐	펜	☐	☐
인형/아기	☐	☐	풀	☐	☐

신체 부위

	이해	표현		이해	표현
귀	☐	☐	볼	☐	☐
눈	☐	☐	손	☐	☐
다리	☐	☐	어깨	☐	☐
등	☐	☐	얼굴	☐	☐
머리	☐	☐	엉덩이	☐	☐
머리카락	☐	☐	이마	☐	☐
몸	☐	☐	이	☐	☐
무릎	☐	☐	입	☐	☐
발	☐	☐	코	☐	☐
배	☐	☐	턱	☐	☐
배꼽	☐	☐	팔	☐	☐

사람

	이해	표현		이해	표현
누나	☐	☐	동생/친구의 이름	☐	☐
삼촌	☐	☐	좋아하는 캐릭터 이름	☐	☐
선생님	☐	☐	엄마	☐	☐
아기/애기	☐	☐	오빠	☐	☐
아빠	☐	☐	이모	☐	☐
아저씨	☐	☐	할머니	☐	☐
언니	☐	☐	할아버지	☐	☐
자신의 이름	☐	☐	형/형아	☐	☐

물건

	이해	표현		이해	표현
거울	☐	☐	안경	☐	☐
그릇	☐	☐	약	☐	☐
단추	☐	☐	열쇠	☐	☐
돈	☐	☐	우산	☐	☐
뚜껑	☐	☐	이불	☐	☐
반창고	☐	☐	접시	☐	☐
베개	☐	☐	젓가락	☐	☐
불	☐	☐	쪽쪽이	☐	☐
비누	☐	☐	청소기	☐	☐
빗	☐	☐	치약	☐	☐

	이해	표현
빨대	☐	☐
펜	☐	☐
상자/박스/통	☐	☐
수건	☐	☐
숟가락	☐	☐
시계	☐	☐

	이해	표현
칫솔	☐	☐
칼	☐	☐
컵	☐	☐
태블릿	☐	☐
포크	☐	☐
핸드폰/휴대폰/전화기	☐	☐

가구

	이해	표현
냉장고	☐	☐
문	☐	☐
방	☐	☐
세탁기/빨래	☐	☐
소파	☐	☐
식탁	☐	☐

	이해	표현
쓰레기(통)	☐	☐
의자	☐	☐
창문	☐	☐
책상	☐	☐
침대	☐	☐
텔레비전/테레비/티브이	☐	☐

의류

	이해	표현
가방	☐	☐
겉옷/외투/재킷/코트/점퍼	☐	☐
기저귀	☐	☐
단추	☐	☐

	이해	표현
신발	☐	☐
양말	☐	☐
옷	☐	☐
윗옷/윗도리	☐	☐

	이해	표현
마스크	☐	☐
모자	☐	☐
바지	☐	☐

	이해	표현
지퍼	☐	☐
치마	☐	☐
팬티	☐	☐

탈것

	이해	표현
경찰차	☐	☐
구급차	☐	☐
기차	☐	☐
배	☐	☐
버스	☐	☐
비행기	☐	☐

	이해	표현
소방차	☐	☐
유모차	☐	☐
자전거	☐	☐
차/자동차	☐	☐
택시	☐	☐
트럭	☐	☐

위치 어휘

	이해	표현
뒤에	☐	☐
밑에	☐	☐
밖에	☐	☐
아래	☐	☐
안에	☐	☐

	이해	표현
앞에	☐	☐
여기	☐	☐
옆에	☐	☐
위에	☐	☐
저기	☐	☐

상호적 어휘

	이해	표현		이해	표현
고맙습니다 (고마워)	☐	☐	빠빠이/빠이	☐	☐
괜찮아	☐	☐	뽀뽀	☐	☐
그래	☐	☐	사랑해요	☐	☐
까꿍	☐	☐	살살	☐	☐
끝/그만	☐	☐	싫어	☐	☐
네	☐	☐	아니	☐	☐
다시	☐	☐	안녕	☐	☐
다했다	☐	☐	안아(안아줘)	☐	☐
더 줘	☐	☐	어부바	☐	☐
도와줘	☐	☐	여보세요	☐	☐
됐다	☐	☐	응(어)	☐	☐
또	☐	☐	이거	☐	☐
만세	☐	☐	예쁜 짓	☐	☐
맞아	☐	☐	저거	☐	☐
미안해	☐	☐	좋다(좋아)	☐	☐
박수	☐	☐	주세요	☐	☐

감탄사

	이해	표현		이해	표현
아야	☐	☐	영차	☐	☐
아이코	☐	☐	오잉	☐	☐

	이해	표현
야호	☐	☐
어머/어머나	☐	☐
에취	☐	☐

	이해	표현
와	☐	☐
우와	☐	☐
우웩	☐	☐

바깥

	이해	표현
가게	☐	☐
구름	☐	☐
그네	☐	☐
꽃	☐	☐
나무	☐	☐
놀이터	☐	☐
눈	☐	☐
달	☐	☐
돌/돌멩이	☐	☐
모래/흙	☐	☐
미끄럼틀	☐	☐

	이해	표현
별	☐	☐
병원	☐	☐
비	☐	☐
슈퍼마켓/슈퍼/마트/시장	☐	☐
시소	☐	☐
아파트	☐	☐
집	☐	☐
풀	☐	☐
하늘	☐	☐
학교/어린이집/유치원	☐	☐
해	☐	☐

동물

	이해	표현
개구리	☐	☐
개미	☐	☐

	이해	표현
병아리	☐	☐
사슴	☐	☐

	이해	표현		이해	표현
거미	☐	☐	사자	☐	☐
거북이	☐	☐	상어	☐	☐
고양이	☐	☐	새	☐	☐
곰/곰돌이	☐	☐	소	☐	☐
공룡	☐	☐	악어	☐	☐
기린	☐	☐	양	☐	☐
꽃게	☐	☐	여우	☐	☐
나비	☐	☐	염소	☐	☐
다람쥐	☐	☐	오리	☐	☐
닭	☐	☐	오징어	☐	☐
돼지	☐	☐	원숭이	☐	☐
말	☐	☐	쥐	☐	☐
멍멍이/개/강아지	☐	☐	코끼리	☐	☐
문어	☐	☐	토끼	☐	☐
물고기	☐	☐	펭귄	☐	☐
뱀	☐	☐	하마	☐	☐
별	☐	☐	호랑이	☐	☐

의성어·의태어

	이해	표현		이해	표현
깡충깡충	☐	☐	삐뽀삐뽀/삐용삐용	☐	☐
꼬끼오	☐	☐	삐약삐약	☐	☐
꽥꽥	☐	☐	슝	☐	☐

	이해	표현		이해	표현
꿀꺽	☐	☐	쌩쌩	☐	☐
꿀꿀	☐	☐	쓱싹쓱싹	☐	☐
냠냠	☐	☐	야옹	☐	☐
둥둥	☐	☐	어흥	☐	☐
뒤뚱뒤뚱	☐	☐	우끼끼	☐	☐
딸랑딸랑	☐	☐	음메	☐	☐
똑똑	☐	☐	응애응애	☐	☐
뚝딱뚝딱	☐	☐	짹짹	☐	☐
멍멍	☐	☐	찍찍	☐	☐
반짝반짝	☐	☐	첨벙첨벙	☐	☐
보글보글/부글부글	☐	☐	치카치카	☐	☐
부릉부릉	☐	☐	칙칙폭폭	☐	☐
빵빵	☐	☐	코~	☐	☐
뽕	☐	☐	쿵!	☐	☐
뿌우	☐	☐	쿵쾅쿵쾅	☐	☐
뿡	☐	☐	흔들흔들	☐	☐

형용사

	이해	표현		이해	표현
간지럽다	☐	☐	밉다	☐	☐
같다	☐	☐	배고프다	☐	☐
그렇다	☐	☐	빠르다(빨리)	☐	☐
길다	☐	☐	빨갛다	☐	☐

	이해	표현
깜깜하다	☐	☐
깨끗하다	☐	☐
낮다	☐	☐
노랗다	☐	☐
높다	☐	☐
달다	☐	☐
더럽다(지지)	☐	☐
덥다	☐	☐
따뜻하다	☐	☐
똑같다	☐	☐
뜨겁다	☐	☐
많다	☐	☐
맛없다	☐	☐
맛있다	☐	☐
맵다	☐	☐
무겁다	☐	☐
무섭다	☐	☐
신기하다	☐	☐
심심하다	☐	☐
힘들다	☐	☐
아프다(아야)	☐	☐
어떻다	☐	☐
없다	☐	☐
예쁘다	☐	☐
이렇다	☐	☐
있다	☐	☐
작다(조그맣다)	☐	☐
재미없다	☐	☐
재미있다	☐	☐
좁다	☐	☐
차갑다	☐	☐
춥다	☐	☐
크다	☐	☐
필요하다	☐	☐

동사

	이해	표현
가다	☐	☐
가지다	☐	☐
고치다	☐	☐
꺼내다	☐	☐
보이다	☐	☐
부딪히다	☐	☐
부서지다	☐	☐
불다	☐	☐

끄다	☐	☐		붙이다	☐	☐
나가다	☐	☐		빗다	☐	☐
나오다	☐	☐		빠지다	☐	☐
날아가	☐	☐		빼다	☐	☐
내려가다	☐	☐		뽀뽀하다	☐	☐
내려오다	☐	☐		사다	☐	☐
넘어지다	☐	☐		숨다	☐	☐
넣다	☐	☐		신다	☐	☐
놀다	☐	☐		싸다(쉬/오줌)	☐	☐
놓다	☐	☐		싸다(응가/똥)	☐	☐
눕다	☐	☐		쏟다	☐	☐
다치다	☐	☐		쓰다	☐	☐
닦다	☐	☐		씻다	☐	☐
닫다	☐	☐		앉다	☐	☐
던지다	☐	☐		알다	☐	☐
들다	☐	☐		열다	☐	☐
들어가다	☐	☐		오다(와/이리와)	☐	☐
때리다	☐	☐		올라가다	☐	☐
떨어지다	☐	☐		울다	☐	☐
뛰다	☐	☐		일어나다	☐	☐
마시다	☐	☐		읽다	☐	☐
만들다	☐	☐		입다	☐	☐
만지다	☐	☐		자다	☐	☐
먹다	☐	☐		자르다	☐	☐
모르다	☐	☐		잡다	☐	☐

묻다	☐	☐		주다	☐	☐
밀다	☐	☐		차다	☐	☐
바르다	☐	☐		찾다	☐	☐
박다	☐	☐		치다	☐	☐
버리다	☐	☐		타다	☐	☐
벗다	☐	☐		하다	☐	☐
보다	☐	☐		흘리다	☐	☐

< 참고문헌 >

1. Shuffrey, L. C., Firestein, M. R., Kyle, M. H., et al. (2022). Association of birth during the COVID-19 pandemic with neurodevelopmental status at 6 months in infants with and without in utero exposure to maternal SARS-CoV-2 infection. JAMA Pediatrics, 176(6), e215563.

2. Deoni SC, Beauchemin J, Volpe A, et al. (2021) Impact of the COVID-19 pandemic on early child cognitive development: Initial findings in a longitudinal observational study of child health. medRxiv. Epub 11 August 2021.

3. Hart, B., & Risley, T. R. (1995). Meaningful differences in the everyday experience of young American children. Paul H. Brookes Publishing Company.

4. Paul, R., & Elwood, T. J. (1991). Maternal linguistic input to toddlers with slow expressive language development. Journal of

speech and hearing research, 34(5), 982–988.

5. Durham, Rachel & Hammer, Carol & Tomblin, J. & Catts, Hugh. (2007). Kindergarten oral language skill: A key variable in the intergenerational transmission of socioeconomic status. Research in Social Stratification and Mobility. 25. 294-305.

Golinkoff, R.M., Hoff, E., Rowe, M.L., Tamis-LeMonda, C.S. and Hirsh-Pasek, K. (2019), Language Matters: Denying the Existence of the 30-Million-Word Gap Has Serious Consequences. Child Dev, 90: 985-992.

6. Roben, C. K., Cole, P. M., & Armstrong, L. M. (2013). Longitudinal relations among language skills, anger expression, and regulatory strategies in early childhood. Child development, 84(3), 891–905.

7. Rowe M. L. (2012). A longitudinal investigation of the role of quantity and quality of child-directed speech in vocabulary development. Child development, 83(5), 1762–1774.

8. Hirsh-Pasek, K., Adamson, L. B., Bakeman, R., Owen, M. T., Golinkoff, R. M., Pace, A., Yust, P. K., & Suma, K. (2015). The Contribution of Early Communication Quality to Low-Income Children's Language Success. Psychological science, 26(7), 1071–1083.

Romeo, R. R., Segaran, J., Leonard, J. A., Robinson, S. T., West, M. R., Mackey, A. P., Yendiki, A., Rowe, M. L., & Gabrieli, J. D. E. (2018). Language Exposure Relates to Structural Neural Connectivity in Childhood. The Journal of neuroscience : the official journal of the Society for Neuroscience, 38(36), 7870–7877.

Hutton, J. S., Phelan, K., Horowitz-Kraus, T., Dudley, J., Altaye,

M., DeWitt, T., & Holland, S. K. (2017). Shared Reading Quality and Brain Activation during Story Listening in Preschool-Age Children. The Journal of pediatrics, 191, 204-211.e1.

9 이윤경 (2020), 《영유아 의사소통장애》, 학지사.
Westby, C.E. (2000). A scale for assessing development of children's pla. In K Gitlin-Weiner, A. Sandgrund & C. Schaefer (Eds.), Play diagnosis and assessment. New York: Wiley.
Gerber, S. and Prizant, B. (2001). A developmental approach to assessment and intervention with speech and language challenges.
Lanza, J.R. and Flahive, L.K. (2008). LinguiSystems Guide to Communication Milestones.

10 Ferjan Ramírez, N., Lytle, S. R., & Kuhl, P. K. (2020). Parent coaching increases conversational turns and advances infant language development. Proceedings of the National Academy of Sciences, 117(7), 3484-3491.

11 Ota, M., et al. (2018). Why Choo-Choo Is Better Than Train: The Role of Register-Specific Words in Early Vocabulary Growth. Cognitive Science.
Ota, M., et al. (2016). Reduplicated Words Are Easier to Learn. Language Learning and Development.

12 University of Maryland. (2015). Benefits of word repetition to infants: Repeat after me! Parents who repeat words to 7-month-olds have toddlers with larger vocabularies. ScienceDaily.

13 Colonnesi, Cristina & Stams, Geert & Stams, J & Koster, Irene & Noom, Marc. (2011). The relation between pointing and language development: A meta-analysis. Developmental Review. 30. 352-366.

14 Gros-Louis, Julie & West, Meredith & King, Andrew. (2014). Maternal Responsiveness and the Development of Directed Vocalizing in Social Interactions. Infancy. 19.

15 Bornstein, M. H., Tamis-Lemonda, C. S., Hahn, C. S., & Haynes, O. M. (2008). Maternal responsiveness to young children at three ages: longitudinal analysis of a multidimensional, modular, and specific parenting construct.Developmental psychology, 44(3), 867–874.

16 Marklund, U., Marklund, E., Lacerda, F., & Schwarz, I. C. (2015). Pause and utterance duration in child-directed speech in relation to child vocabulary size.Journal of child language, 42(5), 1158–1171.

17 Catherine E. Laing (2019). Phonological Motivation for the Acquisition of Onomatopoeia: An Analysis of Early Words, Language Learning and Development, 15:2, 177-197.

18 Huttenlocher, J., & Smiley, P. & Charney, R. (1983). Emergence of action categories in the child: Evidence from verb meanings. Psychological Review. 90. 72-93.

19 Neha Chaudhary. "If Your Kid Keeps Asking 'Why,' Give Them an Answer." New York Times, 2020.3.27.

20 Weizman, Z. O., & Snow, C. E. (2001). Lexical output as related to children's vocabulary acquisition: Effects of sophisticated exposure and support for meaning. Developmental Psychology, 37(2), 265–279.

21 오재혁, 차재은, 윤미선, 김정미, 장문수 (2014).
2-5세 일반 아동의 어휘 발달: 용언. 한국언어청각임상학회, 19, 20.
Rescorla, L., Alley, A., Book Christine, J. (2001). Word Frequen-

cies in Toddlers' Lexicons. Journal of Speech, Language, and Hearing Research.

22 Cleveland, E. S., & Reese, E. (2005). Maternal Structure and Autonomy Support in Conversations About the Past: Contributions to Children's Autobiographical Memory. Developmental Psychology, 41(2), 376–388.

Jack, F., MacDonald, S., Reese, E., & Hayne, H. (2009). Maternal reminiscing style during early childhood predicts the age of adolescents' earliest memories. Child development, 80(2), 496–505.

23 Uccelli, P., Demir-Lira, Ö. E., Rowe, M. L., Levine, S., & Goldin-Meadow, S. (2019). Children's Early Decontextualized Talk Predicts Academic Language Proficiency in Midadolescence. Child development, 90(5), 1650–1663.

하루 1분 언어자극의 기적

2024년 3월 20일 초판 1쇄 발행

지은이 황진이
펴낸이 박시형, 최세현

책임편집 김유경 **디자인** 정은예
마케팅 양봉호, 양근모, 권금숙, 이도경 **온라인홍보팀** 신하은, 현나래, 최혜빈
디지털콘텐츠 최은정 **해외기획** 우정민, 배혜림
경영지원 홍성택, 강신우, 이윤재 **제작** 이진영
펴낸곳 (주)쌤앤파커스 **출판신고** 2006년 9월 25일 제406-2006-000210호
주소 서울시 마포구 월드컵북로 396 누리꿈스퀘어 비즈니스타워 18층
전화 02-6712-9800 **팩스** 02-6712-9810 **메일** info@smpk.kr

ⓒ 황진이(저작권자와 맺은 특약에 따라 검인을 생략합니다)
ISBN 979-11-6534-939-4 (13590)

- 이 책은 저작권법에 따라 보호받는 저작물이므로 무단전재와 무단복제를 금지하며, 이 책 내용의 전부 또는 일부를 이용하려면 반드시 저작권자와 (주)쌤앤파커스의 서면동의를 받아야 합니다.
- 잘못된 책은 구입하신 서점에서 바꿔드립니다.
- 책값은 뒤표지에 있습니다.

쌤앤파커스(Sam&Parkers)는 독자 여러분의 책에 관한 아이디어와 원고 투고를 설레는 마음으로 기다리고 있습니다. 책으로 엮기를 원하는 아이디어가 있으신 분은 메일 book@smpk.kr로 간단한 개요와 취지, 연락처 등을 보내주세요. 머뭇거리지 말고 문을 두드리세요. 길이 열립니다.